中国古代养殖

王 俊 编著

中国商业出版社

图书在版编目（CIP）数据

中国古代养殖／王俊编著. -- 北京：中国商业出版社，2014.12（2024.3重印）
　　ISBN 978-7-5044-8563-2

Ⅰ. ①中… Ⅱ. ①王… Ⅲ. ①养殖业-经济史-中国-古代 Ⅳ. ①F326.39

中国版本图书馆 CIP 数据核字（2014）第 299264 号

责任编辑：常　松

中国商业出版社出版发行
010-63180647　www.c-cbook.com
（100053 北京广安门内报国寺 1 号）
新华书店经销
三河市吉祥印务有限公司印刷
＊
710 毫米×1000 毫米　16 开　12.5 印张　200 千字
2014 年 12 月第 1 版　2024 年 3 月第 3 次印刷
定价：25.00 元
＊　＊　＊　＊
（如有印装质量问题可更换）

《中国传统民俗文化》编委会

主　编	傅璇琮	著名学者，国务院古籍整理出版规划小组原秘书长，清华大学古典文献研究中心主任，中华书局原总编辑
顾　问	蔡尚思	历史学家，中国思想史研究专家
	卢燕新	南开大学文学院教授
	于　娇	泰国辅仁大学教育学博士
	张骁飞	郑州师范学院文学院副教授
	鞠　岩	中国海洋大学新闻与传播学院副教授，中国传统文化研究中心副主任
	王永波	四川省社会科学院文学研究所研究员
	叶　舟	清华大学、北京大学特聘教授
	于春芳	北京第二外国语学院副教授
	杨玲玲	西班牙文化大学文化与教育学博士
编　委	陈鑫海	首都师范大学中文系博士
	李　敏	北京语言大学古汉语古代文学博士
	韩　霞	山东教育基金会理事，作家
	陈　娇	山东大学哲学系讲师
	吴军辉	河北大学历史系讲师
策划及副主编	王　俊	

序 言

中国是举世闻名的文明古国,在漫长的历史发展过程中,勤劳智慧的中国人创造了丰富多彩、绚丽多姿的文化。这些经过锤炼和沉淀的古代传统文化,凝聚着华夏各族人民的性格、精神和智慧,是中华民族相互认同的标志和纽带,在人类文化的百花园中摇曳生姿,展现着自己独特的风采,对人类文化的多样性发展做出了巨大贡献。中国传统民俗文化内容广博,风格独特,深深地吸引着世界人民的眼光。

正因如此,我们必须按照中央的要求,加强文化建设。2006年5月,时任浙江省委书记的习近平同志就已提出:"文化通过传承为社会进步发挥基础作用,文化会促进或制约经济乃至整个社会的发展。"又说,"文化的力量最终可以转化为物质的力量,文化的软实力最终可以转化为经济的硬实力。"(《浙江文化研究工程成果文库总序》)2013年他去山东考察时,再次强调:中华民族伟大复兴,需要以中华文化发展繁荣为条件。

正因如此,我们应该对中华民族文化进行广阔、全面的检视。我们应该唤醒我们民族的集体记忆,复兴我们民族的伟大精神,发展和繁荣中华民族的优秀文化,为我们民族在强国之路上阔步前行创设先决条件。实现民族文化的复兴,必须传承中华文化的优秀传统。现代的中国人,特别是年轻人,对传统文化十分感兴趣,蕴含感情。但当下也有人对具体典籍、历史事实不甚了解。比如,中国是书法大国,谈起书法,有些人或许只知道些书法大家如王羲之、柳公权等的名字,知道《兰亭集序》

是千古书法珍品,仅此而已。

　　再如,我们都知道中国是闻名于世的瓷器大国,中国的瓷器令西方人叹为观止,中国也因此获得了"瓷器之国"(英语 china 的另一义即为瓷器)的美誉。然而关于瓷器的由来、形制的演变、纹饰的演化、烧制等瓷器文化的内涵,就知之甚少了。中国还是武术大国,然而国人的武术知识,或许更多来源于一部部精彩的武侠影视作品,对于真正的武术文化,我们也难以窥其堂奥。我国还是崇尚玉文化的国度,我们的祖先发现了这种"温润而有光泽的美石",并赋予了这种冰冷的自然物鲜活的生命力和文化性格,如"君子当温润如玉",女子应"冰清玉洁""守身如玉";"玉有五德",即"仁""义""智""勇""洁";等等。今天,熟悉这些玉文化内涵的国人也为数不多了。

　　也许正有鉴于此,有忧于此,近年来,已有不少有志之士开始了复兴中国传统文化的努力之路,读经热开始风靡海峡两岸,不少孩童以至成人开始重拾经典,在故纸旧书中品味古人的智慧,发现古文化历久弥新的魅力。电视讲坛里一拨又一拨对古文化的讲述,也吸引着数以万计的人,重新审视古文化的价值。现在放在读者面前的这套"中国传统民俗文化"丛书,也是这一努力的又一体现。我们现在确实应注重研究成果的学术价值和应用价值,充分发挥其认识世界、传承文化、创新理论、资政育人的重要作用。

　　中国的传统文化内容博大,体系庞杂,该如何下手,如何呈现?这套丛书处理得可谓系统性强,别具匠心。编者分别按物质文化、制度文化、精神文化等方面来分门别类地进行组织编写,例如,在物质文化的层面,就有纺织与印染、中国古代酒具、中国古代农具、中国古代青铜器、中国古代钱币、中国古代木雕、中国古代建筑、中国古代砖瓦、中国古代玉器、中国古代陶器、中国古代漆器、中国古代桥梁等;在精神文化的层面,就有中国古代书法、中国古代绘画、中国古代音乐、中国古代艺术、中国古代篆刻、中国古代家训、中国古代戏曲、中国古代版画等;在制度文化的层面,就有中国古代科举、中国古代官制、中国古代教育、中国古代军队、中国古代法律等。

此外,在历史的发展长河中,中国各行各业还涌现出一大批杰出人物,至今闪耀着夺目的光辉,以启迪后人,示范来者。对此,这套丛书也给予了应有的重视,中国古代名将、中国古代名相、中国古代名帝、中国古代文人、中国古代高僧等,就是这方面的体现。

生活在21世纪的我们,或许对古人的生活颇感兴趣,他们的吃穿住用如何,如何过节,如何安排婚丧嫁娶,如何交通出行,孩子如何玩耍等,这些饶有兴趣的内容,这套"中国传统民俗文化"丛书都有所涉猎。如中国古代婚姻、中国古代丧葬、中国古代节日、中国古代民俗、中国古代礼仪、中国古代饮食、中国古代交通、中国古代家具、中国古代玩具等,这些书籍介绍的都是人们颇感兴趣、平时却无从知晓的内容。

在经济生活的层面,这套丛书安排了中国古代农业、中国古代经济、中国古代贸易、中国古代水利、中国古代赋税等内容,足以勾勒出古代人经济生活的主要内容,让今人得以窥见自己祖先的经济生活情状。

在物质遗存方面,这套丛书则选择了中国古镇、中国古代楼阁、中国古代寺庙、中国古代陵墓、中国古塔、中国古代战场、中国古村落、中国古代宫殿、中国古代城墙等内容。相信读罢这些书,喜欢中国古代物质遗存的读者,已经能掌握这一领域的大多数知识了。

除了上述内容外,其实还有很多难以归类却饶有兴趣的内容,如中国古代乞丐这样的社会史内容,也许有助于我们深入了解这些古代社会底层民众的真实生活情状,走出武侠小说家加诸他们身上的虚幻的丐帮色彩,还原他们的本来面目,加深我们对历史真实性的了解。继承和发扬中华民族几千年创造的优秀文化和民族精神是我们责无旁贷的历史责任。

不难看出,单就内容所涵盖的范围广度来说,有物质遗产,有非物质遗产,还有国粹。这套丛书无疑当得起"中国传统文化的百科全书"的美誉。这套丛书还邀约大批相关的专家、教授参与并指导了稿件的编写工作。应当指出的是，这套丛书在写作过程中，既钩稽、爬梳大量古代文化文献典籍，又参照近人与今人的研究成果，将宏观把握与微观考察相结合。在论述、阐释中，既注意重点突出，又着重于论证层次清晰，从多角度、多层面对文化现象与发展加以考察。这套丛书的出版，有助于我们走进古人的世界，了解他们的生活，去回望我们来时的路。学史使人明智，历史的回眸，有助于我们汲取古人的智慧，借历史的明灯，照亮未来的路，为我们中华民族的伟大崛起添砖加瓦。

　　是为序。

傅璇琮

2014年2月8日

前　言

中国古代畜牧业曾有过辉煌的成就，各族人民在长期实践中创造的生产技术和管理经验，有的至今仍有重要价值。中国有十分丰富的家畜资源，世界上所有的家畜种类，在中国几乎都有存在。把野生动物驯化为家畜的漫长过程，可从新石器时代文化遗址出土的兽骨、原始洞壁或陶器上的刻绘，以及某些古代传说等大体推断出一个轮廓。

伟大的祖先经过无数次的成功与失败，开创了中国古代原始的种植业。同样，人类在长期的狩猎活动中，逐渐掌握了各种鸟兽的习性。他们开始把捕获但当时吃不了的幼雏和幼兽豢养起来，逐渐积累了饲养犬、猪、羊、牛、马、鸡等畜禽的知识和经验，开创了原始的畜养业。总之，原始人类长期的采集和狩猎活动孕育了原始农业。

中国古代把马、牛、羊、鸡、犬、豖（猪）称为"六畜"。

黄河流域及其邻近草原，应是某些畜种的发源地。居住在这些地区的各族人民对许多畜种的形成都做出过重大贡献。

约在新石器时期晚期，一般家畜已先后被驯化成。

到奴隶社会，畜牧业和家畜利用进入一个新的发展阶段。此时役畜和肉畜都得到重视，因此也注意家畜品质的选择。进入封建社会以后，畜牧业管理的组织制度趋向完善，畜牧生产在国家经济和人民生活中的地位也日益提高。隋唐时期对官办畜牧业的组织管理又有加强。宋代以后，辽、金和元代都借马政组织系统，发展畜牧业，各种家畜的大牧群遍及草原，成为构成国力的主要资源。明代也重视畜牧业的经营，设在京郊的上林苑监，由良牧署饲养种牛、羊和猪共5700余头，蕃育署饲养种禽1.6万余只。

在家畜饲养方面，甲骨文表示的牢、家和厩，足以证明家畜早已处于舍饲环境中；饲料采用刍秣。刍是刈割后经过加工的草，秣是精料，以粟和菽（豆）为主。汉武帝时从西域带回的苜蓿种子，由关中逐步移植推广到北方广大地区，为家畜提供了优良的饲料来源。凡此种种，都说明古代饲养管理水平不断提高。唐代或以前以烙印、烙角作为马牛登记的标记和马牛登记籍簿的建立，也是家畜管理制度上的重要创举。在家畜繁殖方面，十分重视配种的季节性的历史大约有两千年了。据《礼记·月令》记载，当时过了配种季节，就把种畜隔离，这已不是粗放的群牧管理。《齐民要术》记载："服牛乘马，量其力能，寒温饮饲，适其天性，如不肥充繁息者，未之有也。"更是科学地说明了饲养与繁殖的密切关系。至于家畜的引种和改良，自西汉通西域后，已有大宛马和其他畜种引入。隋、唐时代，西域马、羊等良种更是源源而来。《新唐书·兵志》说："既杂胡种，马乃益壮"，说明了引入良种对于改良中国原有畜种的重要作用。

目录

第一章 中国古代农业与养殖业的出现

第一节 农业的起源 ········· 2
原始农业的产生 ········· 2
中国成为世界农业的起源中心 ········· 3

第二节 各地区原始农业与养殖业的出现 ········· 5
黄河流域养殖的出现 ········· 5
长江流域养殖的出现 ········· 7
南方地区养殖的出现 ········· 9
北方地区养殖的出现 ········· 10

第三节 我国原始的畜养业 ········· 11
家畜的驯化及其种类 ········· 11
家畜的构成和饲养方式 ········· 16

第二章 古代养殖趣话

第一节 养猪趣话 ········· 20
猪为天下畜 ········· 20
与养猪有关的文化现象 ········· 22
养猪的农谚和民谣 ········· 25

第二节　养牛趣话 …… 27
驯牛趣话 …… 27
水牛起源趣话 …… 29

第三节　养羊趣话 …… 31
为什么山羊驯化久远 …… 31
羊类奇趣珍闻 …… 32
野生绵羊的祖先是谁 …… 34

第四节　其他动物养殖趣话 …… 35
我国最早的水库养殖 …… 35
为什么说骏马出神州 …… 36
古今养狗业的变迁 …… 38
闲情逸致看斗鸡 …… 41
家鸽的驯养 …… 44
鸬鹚是怎么驯化的 …… 47
古代鹌鹑的养殖 …… 49

第三章　中国古代养猪业

第一节　养猪业的起源 …… 52
畜牧业与猪的驯化 …… 52
家猪的驯化考证 …… 54

第二节　古代各时期的养猪业 …… 56
夏商周时期的养猪业 …… 56
秦汉时期的养猪业 …… 59
隋唐时期的养猪业 …… 61
宋元时期的养猪业 …… 62
明清时期的养猪业 …… 64

目录

第三节 中国古代养猪技术 ·················· 67
古代猪的品种 ·················· 67
古代的相猪技术 ·················· 70
古代猪的饲养技术 ·················· 71
古代猪的放牧与舍饲 ·················· 73
古代猪的阉割技术 ·················· 75

第四章 中国古代养牛业

第一节 牛与养牛业 ·················· 78
黄牛是我国牛种的代表 ·················· 78
北方饲养水牛的考证 ·················· 80

第二节 牛的利用及其发展过程 ·················· 80
从牺牲发展而来的古代肉牛 ·················· 80
交通运输用的役牛 ·················· 82
耕牛的起源和发展 ·················· 83

第三节 牛的饲养与管理 ·················· 84
古代养牛管理组织和制度 ·················· 84
民牛和牛税的征用 ·················· 85
牛籍的由来 ·················· 87
牛的放牧和舍饲用具 ·················· 87

第五章 中国古代养马业

第一节 悠久的马文化与马政沿革 ·················· 92
人类与马的关系 ·················· 92
马政历史沿革 ·················· 93

第二节 我国马种起源和演进 ·················· 94
我国古代的马种改良 ·················· 94

　　蒙古马系统 ··· 95
　　西南马系统 ··· 96
　　河曲马 ··· 97
　　藏马 ··· 97
　　哈萨克马 ··· 97
　　其他地方型小马种及新异个体 ································· 97
　　培育马种的分类 ··· 98

第三节　古代养马技术发展 ····································· 101
　　古代产马地区分布 ··· 101
　　马匹用途的变化 ··· 103
　　养马技术的发展 ··· 104

第六章　中国古代养羊业

第一节　古代中国的山羊和绵羊 ································· 106
　　遍于四方的山羊 ··· 106
　　山羊的品种 ··· 108
　　绵羊的品种 ··· 111

第二节　古代羊的饲养与管理 ··································· 115
　　名人牧羊 ··· 116
　　羊群放牧和饲养管理 ··· 117
　　羊的选种和繁殖 ··· 118

第七章　中国古代养禽业

第一节　中国养鸡史 ··· 122
　　最早的养鸡记载 ··· 122
　　鸡的原来用途 ··· 123
　　古代中国的原始鸡品种 ······································· 124

第二节　中国养鸭史 ·········· 128
　　家鸭源始 ·········· 128
　　养鸭技艺 ·········· 129

第三节　中国养鹅史 ·········· 131
　　鹅的种类 ·········· 131
　　鸭和鹅的主要发祥地 ·········· 132
　　古代中国鹅的品种 ·········· 133

第四节　古代养禽技术 ·········· 135
　　相禽与选种法 ·········· 135
　　自然孵化法 ·········· 136
　　人工孵化法 ·········· 138

第八章　中国古代养蚕业

第一节　原始的养蚕业及纺织物 ·········· 142
　　养蚕业的出现 ·········· 142
　　蚕业的初步发展 ·········· 143

第二节　我国古代的桑蚕业发展 ·········· 144
　　春秋战国的桑蚕业 ·········· 144
　　秦汉魏晋的蚕桑业 ·········· 146
　　隋唐宋元的蚕桑业 ·········· 150
　　明清的蚕桑业 ·········· 152

第九章　中国古代养鱼业

第一节　史前的渔猎活动 ·········· 156
　　原始群时期的渔猎活动 ·········· 156
　　母系氏族时期的捕鱼活动 ·········· 157

　　父系氏族公社时期的渔业 …………………………………… 159
　§ 第二节　夏商周时期的渔业 …………………………………… 160
　　蓬勃发展的早期捕捞渔业 ………………………………… 161
　　养鱼起始和《陶朱公养鱼经》 …………………………… 163
　§ 第三节　春秋至唐宋时期的渔业 ……………………………… 165
　　春秋战国时期的渔业 ……………………………………… 165
　　秦汉至唐宋时期的渔业 …………………………………… 167
　§ 第四节　元明清时期的渔业 …………………………………… 172
　　明清时期的渔业概况 ……………………………………… 172
　　轻渔禁海与迁海暴政 ……………………………………… 174
　　海洋渔场扩大开发利用 …………………………………… 175
　　渔具、渔法的进步 ………………………………………… 176
　　海水养殖业的商品化 ……………………………………… 177
　　淡水养鱼的专业化 ………………………………………… 179

参考书目 ……………………………………………………………… 182

中国古代农业与养殖业的出现

中国原始农业的产生，是从驯化野生动植物开始的。人类在为期两三百万年以上的采集渔猎生活中，积累了相当丰富的有关植物和动物的知识。这些长期积累起来的关于植物和动物的知识，正是原始人类得以驯化植物和动物的先决条件。

第一节 农业的起源

中国的农业是独立起源、自成体系的。距今七八千年已有相当发达的原始农业，农业的起源可以追溯到距今1万多年以前。

原始农业的产生

大约在1万多年以前，当时人们的主要劳动工具是打磨过的石器，历史上称之为新石器时代。新石器时代是伴随着农业的产生而产生的。

在中国古代历史传说中，对农业的起源多有描述。《周易·系辞下》："包牺氏没，神农氏作。斫木为耜，揉木为耒；耒耨之利，以教天下。"又《白虎通》卷一载："古之人民皆食禽兽肉。至于

原始农业壁画

神农，人民众多，禽兽不足，于是神农因天之时，分地之利，制耒耜，教民农耕，神而化之，使民宜之，故谓之神农氏。"这里认为农业的发明人是神农氏。但是如果去掉其神秘的外衣，可以发现其真实的历史内核，它们大体反映了原始农业的产生及社会经济生活的发展。

总之，中国大多数地区的原始农业是从采集渔猎经济中直接产生的。种植业是主业，家畜饲养业是副业。

第一章 中国古代农业与养殖业的出现

 ## 中国成为世界农业的起源中心

近年来,有关史前农业考古的资料日多,不仅揭示了中国悠久的农业发展史和史前农业成就,而且表明中国是世界上农业起源最早的国家之一。

从世界范围来看,农业起源的中心主要有三个:西亚、中南美洲和东亚,东亚起源中心就在中国。中国距今七八千年前已有较发达的原始农业,如黄河流域的裴李岗文化、磁山文化,长江流域的彭头山文化、城背溪文化等,而农业的起始则更早。1993年、1995年在江西万年仙人洞和吊桶环遗址属于新石器时代早期的上层,都发现有少量类似人工栽培水稻的植硅石;在湖南道县玉蟾岩遗址,发现了稻属植硅石和极少量的水稻谷壳实物,其时代为距今1万多年前,这是中国迄今为止发现的最早的古栽培稻实物,也是目前世界上最早的稻谷遗存。在华北地区的河北徐水南庄头遗址,发现石锤、石磨盘、磨棒,以及大量动植物遗存,有的可能为家畜,其年代为距今1.2万~1万年,是迄今为止华北地区最早的新石器时代遗址。从这些遗址的情况来看,有农作物遗存,发现了农具,又出土了陶器,农业无疑已经发生。因此,中国农业的起源可追溯到距今1.2万年左右。

中国原始农业还具有自身的特点。黄河流域及其北境以种植粟黍为主,长江流域及其南境以种植水稻为主;在畜养业方面,中国最初驯养的动物是狗、猪、鸡和水牛,长期以来猪一直是主要的家畜;中国又是最早养蚕、缫丝的国家。

一个多世纪以来,人们对世界农业起源的研究做了大量的工作。19世纪末,法国植物学家德康多尔首次系统地从生物进化的角度结合历史、地理分布,对栽培植物的起源作出解答。20世纪初,俄国遗传学家瓦维洛夫从遗传演化的观点提出起源多样性中心学说。随着现代遗传育种科学的进展,对栽培植物、杂草和野生亲缘的研究不断深入,有关农业起源中心的论说日益发展,中外很多学者从不同角度作出论述,皆以中国为世界栽培作物的重要起源中

原始社会时期的石磨盘

水稻

心之一。如德康多尔早在一百多年前就提出中国同西南亚和热带美洲一样，同为世界上植物最早的驯化地区。瓦维洛夫曾区分世界作物为八大起源中心，"中国以其作物品种之丰富，以其可栽培的植物种属之广泛，而突出于其他的植物类发源地之中"。指出中国栽培植物共136种，占全世界666种主要粮食、经济作物及果树、蔬菜的20.4%。20世纪60年代，茹科夫斯基提出大基因中心，世界分为12个大起源中心，以中国及毗邻的日本属第一中心，在全世界2297种栽培植物中，起源于中国的有184种，占总数的12.4%，居世界第二位。1971年，美国的哈伦提出世界栽培植物的起源地有三个中心和三个无中心地区。中国黄河下游地区属B_1中心，长江以南地区则属B_2无中心，但均占重要地位。还有人根据古籍记载，参考国内外资料，统计我国有史以来的主要栽培植物共236种，其中粮食作物20种，经济作物25种。可见中国作为世界栽培植物的起源中心之一，不论研究者从何种角度着眼，其地位的重要性始终是举世公认的。

现在广大人民衣食所需的粟、黍、稻、麦、豆、麻等重要作物都是中国先民在原始社会时期栽培成功的，其中粟、黍、水稻和大豆等，都是首先在我国最早驯化栽培的作物。

第一章 中国古代农业与养殖业的出现

第二节
各地区原始农业与养殖业的出现

我国各地自然条件和社会发展南北、东西差异较大，原始农业自起源时便各具特点。根据历史文献，我国的原始农业大致可划分为四大区域：黄河流域、长江流域（主要指长江中下游地区）、南方地区（主要指武夷山至南岭一带以南地区）、北方沙漠草原地区。秦岭至淮河一线是黄河流域和长江流域两大原始农业区域的过渡地区。

黄河流域养殖的出现

原始农业的出现，是人类同大自然斗争所取得的巨大成功。文明的产生及发展与农业发展息息相关。黄河流域是中国文明的发祥地，也是世界上农业出现最早的地区之一。

黄河流域已发现的最早的农业文化遗存是距今1.2万~1万年的河北徐水南庄头遗址，从地层的花粉分析发现有较多的禾本科植物。出土有石磨盘、石磨棒、骨锥和直口罐等夹砂陶器，还有猪、狗的骨骼，可能已属家畜。南庄头遗址是迄今华北地区最早的新石器时代文化遗址，属新石器时代早期文化，很可能已初步出现了辅助性的农业生产。

黄河流域属于新石器时代中期文化的主要有分布在河南中部的裴李岗文化、分布在河北中南部的磁

原始社会洞穴壁画——马

山文化和分布在陇中、关中的老官台文化（或称大地湾文化）等。这几种文化距今约有七八千年之久。种植业已是当地居民最重要的生活资料来源。从出土的农具考察，从砍伐林木、清理场地用的石斧，松土或翻土用的石铲，收割用的石镰，到加工谷物用的石磨盘、磨棒，应有尽有。主要作物粟（如河北武安磁山遗址发现了大量窖藏的粟）和黍（如甘肃秦安大地湾遗址发现了迄今最早的、距今7000余年的栽培黍遗存）。渔猎业是当时仅次于种植业的生产部门。人们使用弓箭、鱼镖、网罟等工具进行渔猎，并采集朴树籽、胡桃等作为食物的重要补充。养畜业也有一定发展，饲养的畜禽主要有猪、狗和鸡。与这种以种植业为主的经济相适应，人们基本定居下来，其标志就是农业聚落遗址的出现。

著名的仰韶文化，约距今7000～5000年。目前，已发现有多处遗址，其中心区域在关中、豫西和晋南一带，南到汉水上游，北至河套地区，西达渭河上游以至淮河流域，东及河南东部和河北。仰韶文化农业生产水平显著提高的突出标志，是面积达几万、十几万以至上百万平方米的大型村落遗址的出现，尤以西安半坡遗址和临潼姜寨遗址为典型，表明仰韶文化已进入大规模定居和农耕区扩展的时代。主要作物仍为粟黍，亦种麻，晚期有水稻，此外，还发现了蔬菜种子的遗存。农业工具除石斧、石铲、石锄外，木耒和骨铲等得到较广泛的应用。在谷物加工方面，石磨盘逐步被杵臼所代替。养畜业较之前发达，主要牲畜仍是猪和狗，同时饲养少量的山羊、绵羊和黄牛，出现了牲畜栏圈和夜宿场，采猎活动仍较频繁。

龙山文化距今5000～4000年，它分布于西起陕西，东到海滨，北达辽东半岛，南到江苏北部的广大地区。由于原始共同体的分化和走向瓦解，龙山文化的村落规模比仰韶文化时期缩小，但农业生产工具有明显的改进，如石铲更为扁薄宽大，便于安柄使用的有肩石铲和穿孔石铲普遍出现，双齿木耒也被广泛使用。半月形石刀、石镰、蚌镰等收获农具的品种更全、数量更多。作物种类与仰韶文化大体相同，但粟黍在经济生活中的地位更加重要。适于储藏粮食的袋形窖穴明显增多，有些遗址还出土了仓廪的模型。家畜

原始社会农业工具——石斧

第一章 中国古代农业与养殖业的出现

除猪、狗、牛、羊、鸡外，马也可能被人们驯化了，后世所谓"六畜"（马、牛、羊、鸡、犬、豕），这时已大体齐备，其数量也有较大的增加。与此同时，采猎虽然仍是人们获取生活资料的手段之一，但在经济生活中的重要性已明显下降。使用快轮制作的陶器获得高质的发展，冶铜业亦已出现，手工业与农业的分工已获得初步的发展。这一切表明龙山文化比仰韶文化有着更发达的锄耕农业，从而奠定了进入文明时代的物质基础。

原始社会畜牧业壁画

黄河上游的甘肃、宁夏、青海等地，在中原地区农业文化的影响下，出现了马家窑文化和齐家文化。它们是仰韶文化和龙山文化的地方性变体，时代较晚，经济面貌基本相同，经营以粟黍为主的旱地农业。马家窑文化的居民已经开始养羊；到了齐家文化，虽然仍以养猪为主，但已形成适于放牧的羊群，畜牧业比同时期的中原地区发达。

在山东和江苏北部，自新石器时代中期到晚期，有自成体系的后李文化、北辛文化、大汶口文化和山东龙山文化。这里的居民也过着定居农业生活。大汶口文化中期以后，这里的原始农业发展迅速，跃居全国首位。农业工具以磨制精致、扁而宽的石铲，鹿角制成的鹤嘴锄和骨铲最有特色。山东龙山文化比起大汶口文化农业又有所发展，并表现出与中原龙山文化的许多共同性，反映了黄河流域各地区原始农业的融合。

长江流域养殖的出现

从现有的考古材料来看，长江流域在较早时期就出现了以种植水稻为主的水田农业。

长江流域已发现的最早农业遗存是距今1万多年前的江西万年仙人洞、吊桶环上层遗存和湖南道县玉蟾岩遗址。在仙人洞和吊桶环上层遗存中发现了少量类似人工栽培稻的植硅石，为探索稻作农业的起源提供了重要线索。玉蟾岩遗址中发现了极少量的水稻谷壳实物，这是我国迄今为止发现的最早的古栽培稻实物，也是目前所知世界上最早的稻谷遗存。

中国古代养殖
ZHONG GUO GU DAI YANG ZHI

彭头山遗址中的炭化稻谷

继之而起的是主要分布在长江中游地区的彭头山文化、城背溪文化和皂市下层文化。彭头山文化主要分布在洞庭湖以西的澧阳平原上，年代相对较早，距今约8900—8300年。在彭头山遗址中发现了保存在陶片和红烧土中的炭化稻谷。在八十垱遗址中又发现了中国目前最早的大批量栽培稻实物。城背溪文化主要分布在鄂西南的长江两岸，皂市下层文化主要分布在洞庭湖周围的湘北地区，两者年代相近，距今约七八千年，都发现稻作遗存。

长江流域新石器时代中晚期主要有分布在中游地区的大溪文化、屈家岭文化和分布在下游地区的河姆渡文化、马家浜文化和崧泽文化等。大溪文化和屈家岭文化主要分布在鄂西、川东长江沿岸、江汉平原和洞庭湖地区，时代相当于中原地区的仰韶文化晚期和龙山文化早期。这里的居民也以种稻为主，稻种则多为粳稻，石质农具较多，显示出不同于长江下游地区的特色。澧县城头山遗址还发现大溪文化汤家岗类型的水稻田，是中国迄今为止发现的年代最早的水稻田遗迹之一。河姆渡文化主要分布于宁绍平原，马家浜文化主要分布在太湖流域，它们与中原仰韶文化大致相当，当时已有颇为发达的稻作农业。栽培稻遗存多有发现，距今约7000年的河姆渡遗址和罗家角遗址，出土的稻谷最为丰富。这里的稻谷是以粳稻为主的籼粳混合物，与稻谷同出的有用鹿骨和水牛肩胛骨加工而成的骨耜，构成该文化的一大特色。在属于马家浜文化的草鞋山遗址也发现了水稻田遗迹，是中国新石器时代考古的重要收获。崧泽文化继马家浜文化发展而来，这时水稻种植已比较普遍，并出现用猪下颌骨随葬的现象，在一座墓葬中还发现一件家猪造型的陶匜，说明猪的饲养已占有一定的地位。崧泽文化中还有目前我国发现的最早直筒形水井。

在金石并用时期，长江流域主要有中游地区的石家河文化和下游地区的良渚文化，年代约距今四五千年，原始水田农业发展到了一个新的阶段，出

第一章　中国古代农业与养殖业的出现

现了数量不少的用于水田耕作的石犁和用于开沟的斜把破土器。水稻仍是主要的农作物，但种类有所增加。饲养的主要家畜仍然是猪、狗和水牛，养蚕栽桑成为新兴的生产项目，钱山漾遗址中还出土了以桑蚕丝为原料的织物——绢片、丝带和丝线，另外又有苎麻织物出土。

南方地区养殖的出现

南方地区主要指武夷山至南岭一线的以南地区，包括广东、广西、福建、台湾、海南、云南、贵州等地。

该区的新石器时代早期遗址多发现在洞穴里，主要有广西邕宁顶蛳山一期、桂林甑皮岩下层，广东阳春独石仔、封开黄岩洞等遗址，时代距今1万年左右。这些遗址，一般都有大量采猎工具和采猎遗物，采集和渔猎无疑是当地居民的重要生计，而农作物种子和后世所习见的大型翻土农具迄今未见。但这些遗址多有原始陶片的发现，说明与农业定居生活紧密联系的制陶业已经出现。甑皮岩遗址还出土了迄今世界上最早的家猪遗骨。这些都表明这里的原始农业已经发生。

我国南方地区农业虽然发生很早，但后来的发展却不平衡。沿海沿河多贝丘遗址，这里的种植业虽已发生，但在相当长的时期内保留着以捕猎采集为主要生产部门的经济特点。河流两岸的谷地（冈地）遗址，则发展了以种植业为主要的综合经济，经济面貌与长江中下游地区有不少相似之处。同属距今四五千年的广东石峡文化和福建昙石山文化，都发现了炭化稻谷遗存，经鉴定有籼型稻和粳型稻，而以籼型稻为主。生产工具有石镬、石锛、石铲等。许多遗址中发现了猪、狗、牛、羊、鸡、鹿等动物的骨骼以及蚌、鱼、田螺等水生动物遗骸。

西南地区的云南、贵州和西藏，原始农业文化更为多样和具有地方特色。距今4000年

甑皮岩遗址出土了迄今世界上最早的家猪遗骨

前，定居农业村落已经出现。

北方地区养殖的出现

这里所说的北方地区包括东北地区、内蒙古和新疆等省区，是我国后来牧区的主要分布地。但在新石器时代，该地区的遗址分别呈现以种植业为主、以渔猎为主和以畜牧业为主要的不同类型的经济面貌。

这一地区目前发现的最早的新石器时代遗址是距今1万年左右的内蒙古科尔沁旗的嘎查遗址和扎鲁特旗的南勿呼井遗址，这两处遗址中均发现农业生产工具，说明原始农业可能已经产生。

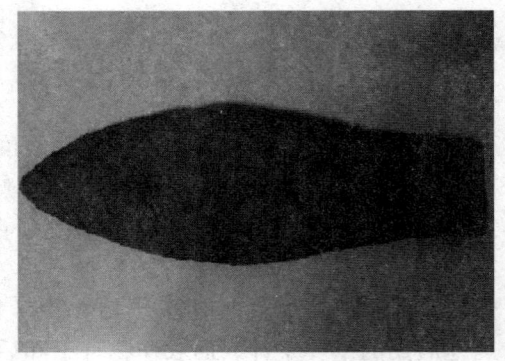

红山文化的农业工具——石耜

在呈现出不同经济类型的新石器时代文化中，以种植业为主经济类型的遗址最多，尤以东北大平原的中南部分布最为密集。比较有代表性的有辽河上游的兴隆洼文化、赵宝沟文化、红山文化和富河文化等，一直延伸到河北的北部。内蒙古敖汉旗的兴隆洼农业遗址，距今8100~7300年。在距今7000年左右的沈阳新乐文化中，出土了栽培黍的遗存。红山文化，距今约5000年，出土有石耜等农业工具，并有猪、牛、羊等家畜的骨骼出土，说明辽西一带早在5000年前已产生了农牧结合的原始农业。富河文化则承袭了红山文化。河套地区的新石器时代遗址，经济文化面貌与中原仰韶文化、龙山文化十分相似，显示出这里的原始农业具有直接在黄河流域影响下发展起来的特点。

以渔猎为主的经济类型，以距今6000年的黑龙江新开流文化最为典型。大兴安岭东侧的松嫩平原和西侧的呼伦贝尔草原，也有分布散漫的以渔猎为主的原始遗存。蒙新高原的典型沙漠草原区，也零星分布一些以细石器为主要文化内涵的遗存，很可能是原始人游猎的遗迹。在这一地区，只有极少数的遗址能确定为以畜牧业为主经济类型的遗址。

第三节 我国原始的畜养业

中国是家养动物的主要起源地之一，畜牧生产萌芽于1万多年前。在长期的生产实践中，选育出众多的地方品种，并积累了丰富的选种、饲养和管理技术。

家畜的驯化及其种类

在新石器时代的农耕文化中，畜禽饲养业一直作为大农业的组成部分，随着定居农业而逐步发展起来。起初是猎获的动物吃不完，便养起来。后来变成有目的的驯养，希望通过动物的繁殖和生长增加人们对肉食的占有量，就像为了满足对植物的需要，由采集变成种植一样。动物驯养使人们获得较稳定的肉食、乳类供应，促进人类体质的发育和文明的发展。恩格斯认为，代替苏美尔人在两河流域建立起巴比伦王朝的闪族人和在公元前3000～前2000年统治中亚、南亚的雅利安人，获得"比较好的发展，或许应归功于他们丰富的肉乳食物"，足见动物驯养对人类文明的重要性。

中国古代所谓"六畜"，包括豕（猪）、犬（狗）、羊、牛、马、鸡，这是古人对中国主要家养畜禽种类的一种概括。这些畜禽，在原始时代已被人工饲养，其野生祖先，大多数在中国可以找到，它们是我们的祖先独立驯化成功的。

1. 猪

中国是世界上最早将野猪驯化为家猪的国家。猪是中国农区最主要的家畜，也是最早驯化的动物之一。在黄河流域，徐水南庄头底层发现的猪可能

中国古代养殖

![黑陶上的图案——猪]

黑陶上的图案——猪

已被饲养,裴李岗和磁山遗址已出土了家猪骨骼,遗址中的猪头塑像,也不同于强大伸直的野猪头形象。在南方地区,距今9000年的桂林甑皮岩遗址第一文化层也发现了家猪骨骼,这是我国目前发现最早的家猪遗存。浙江余姚河姆渡遗址已发现6900年前的猪下颌骨,并出土用陶器制成的猪模型,从其形态来看,已属于家猪类型。

中国家猪的起源可分华南猪和华北猪两大类型。二者在体形、毛色、繁殖力等方面都差别较大。现在华北地区的家猪与华北野猪相近,华北野猪分布于中国北部从沿海至甘肃西部和四川等地。而华南家猪则与华南野猪相似,华南野猪分布于华南各地。这表明中国家猪起源是多中心的,即南北各地先后分别将当地野猪驯化为家猪。

野猪经过人工长期圈养驯化、选择,在习性、体态、结构和生理机能等方面逐渐变化,终于与野猪有了明显区别,典型的是体形方面的改变。野猪

因觅食掘巢，经常拱土，嘴长而有力，犬齿发达，头部强大伸直，头长与体长的比例约1∶3。现代家猪因经过长期喂养，头部明显缩短，犬齿退化，头长与体长之比约1∶6。

各地原始时期遗址出土的家养动物遗骨中，以猪骨数量最多，还有不少以猪为题材的艺术品。在大汶口文化和齐家文化，流行以猪骨随葬的风俗。在大汶口遗址43座墓中出土猪骨96块，甘肃永靖秦魏家46座墓葬中出土430块猪骨，说明在当时私有制已经萌芽、贫富分化已经开始的条件下，猪成为财富的象征。养猪的这种重要地位，是与当时以种植业为主的定居农业相适应的。

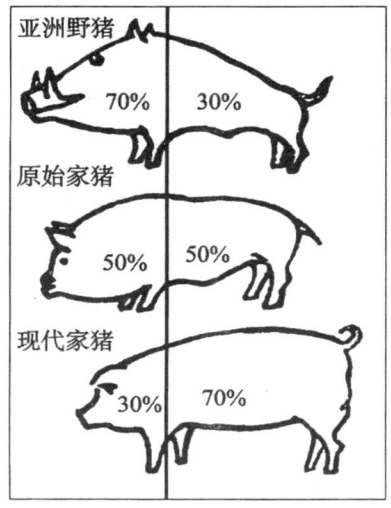

猪的进化图

2. 狗

狗是人类最早驯化的动物，因为狗与人类最初从事狩猎分不开。狗的祖先是狼，两者形态相似，杂交可以产生可育后代。全世界10种类型的狗都是分别从中国狼、北美狼、印度狼和欧洲狼驯化而来的。中国狗的祖先是中国狼。中外民族志材料反映，人类在狩猎经济时代已经驯化了狗。这是因为在狩猎采集时代，人们驯养狗作为狩猎时的助手，而且狗也是人们肉食的对象。

狗的驯化，国外资料认为在土耳其约有9000年历史，英国约9500年，美洲约10400年，大洋洲约8300年。在中国，徐水南庄头底层（距今约1万多年前）即有发现，磁山、裴李岗、河姆渡等遗址都出土有狗的骨骼，足以证明其驯养历史之久远。山东胶县三里河遗址出土的狗形鬶，造型生动逼真，使我们得见新石器时代家犬的形态特征。西安半坡遗址出土的狗骨已与它的野生祖先华北狼有很大区别，而同一遗址出土的家猪遗骨与野猪区别不太大，这种情况也表明狗的驯养历史要比猪更久远。

3. 羊

羊是从野羊驯化而来的。家羊分为绵羊和山羊，属于不同的种。家绵羊是由野生的羱羊（或盘羊）驯化而成，而家山羊则是由羱羊驯化而成。羱羊迄今尚存在我国西北边疆地区，其头骨特征和角的形状可见于蒙古绵羊。这类羱羊遗骨的化石曾在北京周口店第九地点更新世下层的地层中出土，在西北、东北、内蒙古等地也有发现。《尔雅》《后汉书》都曾提及羱羊，《埤雅》卷5还记述了羱羊的生活特性。它与现代蒙古绵羊血缘关系密切，有理由认为中国绵羊是我国先民独立驯化成功的。

野山羊（悬羊）化石在中国似乎尚未见报道。但中国西部边疆的高原以及邻近的中亚细亚地区，是公认的世界现有山羊的主要发源地，中国中原地区的山羊可能来源于这些亚洲内陆山区，但尚不能否定中国西南山区可能是山羊的一个驯化地的说法。

在河南新郑裴李岗遗址出土了一件陶羊头，可见我国驯养羊的历史至少已有七八千年之久了。在磁山、元君庙下层、皂市下层、半坡、龙岗寺、大河村等遗址都有家羊遗骨的发现，其中，龙岗寺遗址半坡类型家羊骨数量居于同期几种家畜之首。龙山时代家羊增多，三门峡市庙底沟、白营等遗址有山羊骨，山东章丘城子崖遗址有绵羊羊骨出土。西北地区甘肃、青海的马家窑文化、齐家文化中养羊尤较兴旺。而南方家羊则最早出现于良渚文化遗址中。

4. 牛

牛是中国最早驯养的动物之一，也是中国历史上最重要的家畜之一。在农区，它是农耕的主要动力，与农业生产关系密切；在牧区，它既是运载工具，又提供肉乳皮革。

中国历史上饲养的牛类家畜，包括黄牛、水牛和牦牛三大类。黄牛和水牛是两种不同"属"的动物，两者之间不能杂交。但西藏的牦牛和海南的封牛则可以与黄牛杂交。黄牛、水牛、牦牛、封牛都是我国独立驯化的有角大家畜。

黄牛的野生祖先一般认为是原牛，在中国东北、华北等地更新世地层中已发现原牛的遗骨化石。距今七八千年的河北武安磁山遗址和

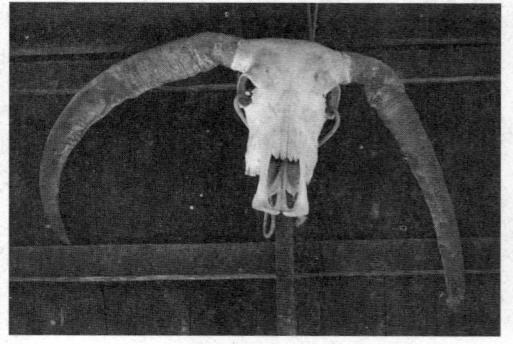

水牛角

第一章 中国古代农业与养殖业的出现

山东滕县北辛遗址出土牛的骨骸，反映当时黄牛可能已被饲养。在西安半坡和临潼姜寨的仰韶文化村落遗址中，有结构简单的棚圈或圈舍遗迹，其中出土了包括牛骨在内的多种家畜遗骨。

水牛则起源于亚洲原水牛。在中国南北地区不同时代的古地层里，发掘出德氏水牛、旺氏水牛等七个不同类型的水牛化石，反映了水牛的进化过程。在长江流域彭头山文化、河姆渡文化的许多遗址中，都有家养水牛遗骸的发现。在山东大汶口、王因遗址，河北邯郸涧沟村遗址等也有水牛骨骼发现，表明新石器时代水牛可以生活在淮河以北的一些地方。

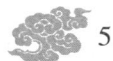 5. 马

马是中国历史上最重要的役畜之一，无论农区或牧区都广泛饲养和利用。在农区，由于马在交通运输、农业生产，尤其是军事上的重要作用，被奉为"六畜"之首，历代统治者把养马作为重要政务，形成"马政"；在牧区，骑马技术的发明与推广，是发展大规模游牧经济的关键。

马的驯化饲养要比猪、狗、羊等家畜稍晚，现代马种动物是经由始马、中马、原马、上新马（即三趾马）和真马五个进化发展阶段后逐渐形成的。在上新世末期尚有三趾马的残存，同时还出现了新种"三门马"。三门马在我国分布很广，许多地方都发现其化石材料。继三门马之后，于更新世后期我国北方地区出现了蒲氏野马（即蒙古野马），一般认为我国家马（即蒙古马）就是由蒲氏野马驯化而来的。

根据考古材料，甘肃永靖马家湾、江苏南京北阴阳营、河南汤阳白营等新石器时代晚期遗址中，都出土了马骨和马牙。在齐家文化的一些遗址中也曾出土过马骨和马牙，其中永靖大何庄出土的马下颌骨和下白齿，经鉴定与现代马几乎没有差别。联系《周易·系辞下》记载黄帝尧舜时代"服牛乘马，引重致远"的传说，可以认定我国在原始社会末期距今约5000年前即已驯养马。

 6. 鸡

家鸡是由野生的原鸡驯化而来。原鸡现在分布于南亚次大陆自巴基斯坦以东至中南半岛，并向南达爪哇和苏门答腊岛。中国云南、广西和海南岛也有分布。我国是家鸡的起源地之一。江西万年仙人洞和西安半坡遗址都有原

中国古代养殖
ZHONG GUO GU DAI YANG ZHI

出土的陶鸡

鸡属鸟类遗骨出土，表明原鸡属鸟类在中国古代长江流域和黄河流域也有分布。

鸡的驯化时间在中国相当早，在河北徐水南庄头底层发现鸡骨，但尚不能肯定是家鸡。磁山、裴李岗、北辛等遗址中都有鸡骨出土，是目前能肯定的最早家鸡，说明家鸡的驯化历史可早到8000年前，这也是目前世界上最早的家鸡遗存。在黄河流域的仰韶文化、龙山文化，西北地区的马家窑文化，长江流域的屈家岭文化，以及江西、云南等地的新石器时代遗址中都有鸡骨或陶鸡的出土，说明鸡已为当时普遍饲养的家禽。

上述材料表明中国家鸡有其独立的驯化历史。以前文献中多说只有东南亚和南亚是鸡的起源地，并认为印度是首先驯鸡的地方，这是由于外国学者对中国资料未作深入研究造成的。主张印度是家鸡首先驯化地的理由是印度河流域的莫罕约达罗文化遗址中出土有泥制家鸡，其年代距今约3850～3550年，但它比我国驯化鸡的时间迟得多。

由此可见，我国是世界驯养动物的中心之一。我国驯养的动物，为世界畜牧业的发展做出了巨大贡献。

家畜的构成和饲养方式

我国原始畜牧业的家畜种类，南方和北方既有相同之处，也有不同之处。这同自然条件的差异性和农业类型的不同有密切关系。

我国秦岭和淮河以北的广大北方地区，在裴李岗文化、磁山文化的许多遗址中都有猪、狗、鸡的遗骸出土，说明早在8000年前我国的中原地区就已有了以猪、狗、鸡为主要内容的原始畜牧业。其后在仰韶文化遗址中，又发现了牛的遗骸。及至大汶口文化和龙山文化时期，除了猪、狗、鸡、黄牛之外，又有水牛、马、山羊和绵羊的遗骸出土。至此，中国北方的畜牧业，已形成马、牛、羊、鸡、犬、猪"六畜"俱全的畜牧业。

第一章　中国古代农业与养殖业的出现

大汶口文化遗址

我国秦岭和淮河以南的南方地区，新石器时代的早期遗址，如广西桂林甑皮岩就有家猪遗骨出土，说明南方地区早在10000～8000年前就已有了养猪业。其后，在河姆渡文化、马家浜文化、大溪文化等的许多遗址中普遍有猪、狗、水牛的遗骸出土。在后来的良渚文化出土了羊骨，屈家岭文化有陶鸡出土。在南方的新石器时代遗址中，尚未发现马的记录。

中国原始畜牧业的显著特点之一是猪在各种家畜中占有首要地位。甑皮岩遗址出土了我国最早的家猪遗骨，磁山、裴李岗等遗址猪骨出土颇多。到了仰韶文化时期，猪已在各种家畜中占绝对优势，这种情况延续到龙山文化时期，不但猪骨出土量多而普遍，且涌现了一批以猪为题材的原始艺术品（陶猪、猪形器和陶器上猪的画像等）。在原始社会末期，各地还流行以猪头或猪下颌骨随葬的风俗。总之，猪是中国原始时代饲养最普遍的家畜。这种情况与古代西亚显然不同，古代西亚主要家畜是绵羊和山羊，狗的驯养也较早，牛则是经过较长时间的间隔后才出现的。在苏美尔城邦出现前的各个遗址中，虽然也有猪骨出土，但其数量不超过食用牲畜遗骨总数的5%。

与以猪为主的牧畜构成相适应，中国的牲畜栏圈出现也较早。据报道，

河姆渡遗址已有"畜圈",是由五六十根小木桩围成的,直径1米左右。由于面积太小,有可能是用于驯畜的。和许多住干栏房的少数民族一样,河姆渡遗址居民应是利用干栏房的下层(居住面下)来饲养牲畜。到了仰韶文化时期,西安半坡遗址和临潼姜寨遗址都发现了牲畜栏圈,姜寨还发现了牲畜家宿场,以姜寨畜圈为例,略呈圆形,直径约4米,周围有木栅,栏内畜粪堆积厚约20~30厘米,显然是饲养牲畜用的。在大汶口文化也发现了牲畜栏圈的遗址。从民族学材料看,原始农业初期,对家畜是实行"野放"的,即不设栏圈,基本不喂饲,把牧畜堵拦在野外一定范围内,任其自由觅食、野宿,需食用时方加捕捉。在进入锄耕农业阶段并实行定居后,才逐步出现了牲畜栏圈。上述考古材料表明,到了仰韶文化时期,原始畜牧业已逐步形成与定居农业生活相适应的舍饲与放牧相结合的饲养方式。

古代养殖趣话

美国人类学家摩尔说："驯养各种动物，其目的各有不同——养羊为它的毛，养马为它的力气和驰驱，养牛为它的乳和筋肉，养猪为它的肉，养家禽为它的蛋和羽毛，养狗为的是用以打猎和做伴，养蜂为它的蜜，养金丝雀为听它的歌唱，养金鱼为它的美丽可爱。"

我国的养殖业有着古老而悠久的历史，因此，在古代养殖漫长的发展过程中产生了很多养殖趣闻和传说。本章我们主要介绍猪、羊、牛等牲畜的养殖趣闻。让我们在阅读趣味故事的同时更加深了对古代养殖知识的了解。

第一节
养猪趣话

猪为天下畜

追溯一下我们祖先曾有过的动物崇拜以及嬗递了几千年关于猪的"神圣"观念，足以佐证猪在人类生活中古往今来的重要地位。

在遥远的古代，猪曾被我国许多民族供奉于神龛祭坛，称为祭天神畜。居住在云南、四川以及西藏毗邻地带的高原和峡谷的纳西族，自古以来就有祭天习俗。这是最盛大、隆重、神圣而又广泛的祭天活动，祭坛中央供奉猪的头像。从远古时代起猪就与纳西人创造的"东巴文化"密不可分。《东巴经》叙述猪的地方既多又严肃，不仅显示出纳西人依靠猪求生存的确切信息，而且在纳西先民万物有灵论和物活论观念中更具有精神文化的深义。在与大自然的整个交流中，纳西人把猪尊为图腾，形成一种根深蒂固的原始文化观念，纳西人自称"纳西美有若"，意思就是"纳西人最重要的事就是以猪祭天"。

现代历史学家记录沿革至今源远流长的纳函族祭天仪式：在高大、雄伟、肃穆的祭坛前，左右植以栗

猪头祭祀

第二章　古代养殖趣话

树，中间阔植以柏树，它们代表纳西族的原始男女祖先。祭坛中央端放着新宰杀的裸露皮肤的公猪，它浑身以鲜血涂染。红色象征吉祥，象征威严。祭天仪式由"达巴"主持，他在族人的顶礼膜拜之下朗诵《祭天经》，把保佑丰收的祈祷告知冥冥苍天。祭祀结束后还要把祭猪截成数段弃置于荒野山巅，让象征天神的苍鹰飞来啄食。

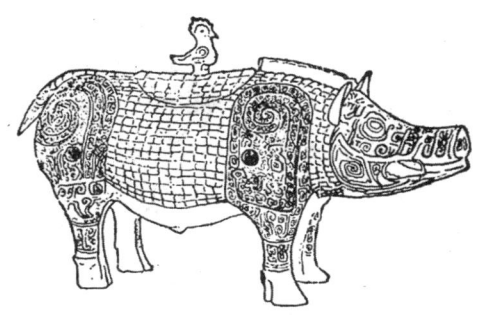

湖南湘潭出土的商代青铜豕尊

人们在祈祷声中仰望牺牲被天神食尽，才怀着希望和快慰的心情在鼓乐声中返回家园。

　　以猪为祭牲的礼俗在我国民族志资料中屡见不鲜。生活在海南岛的黎族人死去时，亲友要带上新宰猪头和米酒前往祭奠，丧家要杀猪送鬼，把猪的下颌骨供奉在祭桌中央，祭祀后把它随葬在墓坑里。云南西盟佤族人在出猎前，须用一头俘猪敬献神祇。有时还须宰杀怀孕母猪，取出猪只对天祈祷，保佑他们狩猎获胜。云南宁蒗的彝族人在杀猪时，全家人须围坐火塘前，一人手提猪只，在全家人的头上向左绕七转，向右绕九转，然后以全猪祭祖，祈求保佑平安，免除百病。

　　汉民族对猪的崇拜历史可能追溯得更远。传说古代的先民祭祀社稷时，猪是最重要的祭牲之一。"凡宗庙之器，其名则成，则衅之以豭豚"（《礼记·杂记》）。商代的祭祀有一大牢、少牢之别，牛、羊、豕是主要祭品。牛是奴隶主的祭品，羊是巫师的祭品，而豕则是士庶以下普通平民的祭品，殷商时代的祭典十分隆重而复杂，除祭祀天地山川、日月星辰之外，还要祭祀祖先。王室祭先王称庙祭，平民祭先祖为家祭。家祭即"以豕为牲，陈豕于室，合家而祀"，此乃"家"字本意。万民皆以豕为家祭之牲，其用量可谓大矣。备作祭祀的猪还要短暂拘禁进行"殊养"。其方法是"系之牢，刍之三月"，培育出"肥腯"的猪以"诒媚鬼神"。商周金文中有许多屠猪的象形文字，显示"牧人"手持利刃仰卧屠猪以供祭祀的情景。为什么古人"家祭"一定要用猪呢？《淮南子·氾论》说得明白："攧大高者而豨为上牲者，非豨能贤于野兽麋鹿也，而神明独飨之，何也以为 豨者，家人所常畜而易得之物也，故因其便以尊之。"这表明在我国古代的部族，最初豢养且数量最多的供作食用的家畜是猪，"因其便"而作为重要的最常用的祭祀之牲。

近代考古学家在湖南湘潭船形山发掘出一具商代晚期的青铜豕尊。长72厘米，高40厘米，重39.5千克，刻缕深沉，线条华美，体躯丰腴，膘肥肉壮，是一具孔武有力的公猪。考古学家认为豕尊所以铸作，表示公猪在祭祀仪式中非常重要。虽然家猪户户有之，但因以猪祭祀很普遍，还需要到处寻找公猪，索性铸为豕尊，随时可供祭祀之用。豕尊的前后肘部横嵌一对圆管，可以贯穿绳索就地移动。显然以豕尊代替公猪更为方便，而且祭祀形象更为威武隆重。青铜豕尊不仅是原始农业中罕见的珍贵艺术品，而且有力地佐证猪作为祭牲的重要价值。

秦汉以来，沿袭古人祭祀仪式皆成定制，"自天子至郡县，下逮庶人，莫不通祭"。祭品中数量最多、最为普遍的是猪。其目的不外乎是祈求丰年，祐民平安。《王祯农书》引"礼考索"通祭的祝词："社，五土祇；稷，五谷祖。土谷生成，利用以叙。世感载青，礼从今古……去彼螟蝗，介我稷黍。时维二仲，祀事斯举，诗歌幽雅，乐奏土鼓。有酒盈觞，有肴在俎，神共享之，愿降多祐。"清《八旗通志·典社》记述满人入主后以猪祭天之礼："春秋立杆祭神后，祭马神二日，各用猪二，王公等祭马神一日，用猪一"，"以竿绾绸布片于炕，而缚一豕，以酒灌其身与鬣，耳鬣皆动，即吉。手刃之，取其肠胃而手捋之，亦有吉凶兆……割豕而群鸟下啄其余脔，则喜曰：祖先禄！不则愀然曰：祖先恫矣，祸至矣！"猪不仅被视为有"魂灵"的神物，而且成为人与神交感传递信息的桥梁。

在今天文明时代，以猪祭天的礼仪在很多民族依然流行，甚至在重大节日以及婚丧要事都离不开"猪祭"。例如江浙一带的风俗，"信鬼神，重祭祀。凡遇疾病，均以驱祟为急，务供神马，煮猪首以祀，名曰献猪头"。逢年过节祭天地，敬祖先，请利市，供品中必须有猪头一具，以示吉祥（《梅基志》）。当然，尽管现今以猪祭天在农村逢年过节仍然沿袭，但对大部分人来说主要还是仅仅作为食品罢了。

与养猪有关的文化现象

今天的人们养猪主要目的也许只是为了获得肉食。但是在中国古代，猪的价值不仅仅是给人提供肉食，更加重要的是为农业生产提供肥料。此外，猪的形象也开始进入人们的精神层面，在原始宗教中，猪的形象与龙并列，这不仅体现在出土的文物当中，在民间传说中也有反映。大量的猪骨陪葬于

新石器时代墓葬中，显然不是偶然现象，特别是在很少见到其他动物的骨骼，而常常只见猪的骨骼的情况下。猪还作为神话中的神灵，还和牛、马、狗等12种动物一样，很早就成为中国人生肖的重要组成成分。因此，我们可以说，中国古代存在一系列的与猪有关的文化现象。

不过需要指出的是，古代猪的文化形象也非一成不变，早期的形象非常正面，但是随着时代的发展，猪的形象开始逐渐走下神坛，特别是明清以后，中国人对猪的形象的认识远没有远古那么正面，猪在某种程度上成为"下贱"的代名词，这在很大程度可能是受吴承恩所著的《西游记》的影响所致。吴承恩在书中塑造了猪八戒这个似人非人、似猪非猪的形象深入人心。这一现象的出现，与猪在当时社会经济中地位下降，猪生活环境恶劣有着很大的关系。

1. 原始宗教中的猪形象

今天的大多数人对龙的形象十分熟悉，但是否了解猪首龙身是中华第一龙的造型，值得怀疑。考古工作者在内蒙古自治区翁牛特旗三星他拉村出土的红山文化玉雕卷龙，出现了猪首龙身的造型，其年代距今大约6000年。其时，养猪很盛行，当时的陶器、工艺品和造型艺术中以猪为母题的例子屡见不鲜，但猪龙合体则是第一次出现，人们称其为"中华第一龙"。

自1987年以来，安徽省文物考古研究所先后在含山县铜闸镇凌家滩自然村进行了4次考古发掘，出土了大量玉器。在第五次发掘中，在祭坛的近顶部发现了1件用玉石雕刻的猪形器。全长72厘米，重达88千克，猪的嘴、鼻孔、眼、耳俱全，并有一对獠牙，形态十分逼真。安徽省文物考古研究所所长杨立新此前说，这是目前中国新石器时代发现的个头最大、重量最重、年代最早的"玉猪"，是中国考古史上一次重大发现，堪称"中国第一玉猪"。

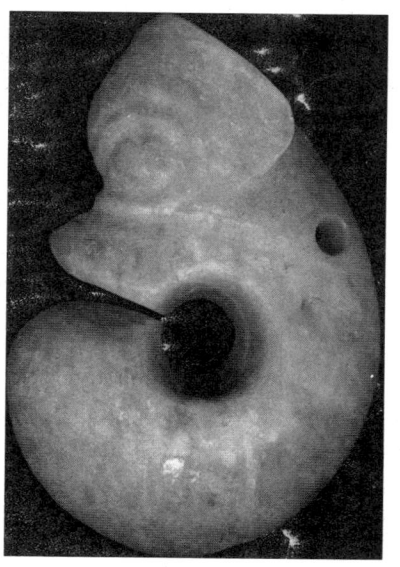

红山文化——龙猪

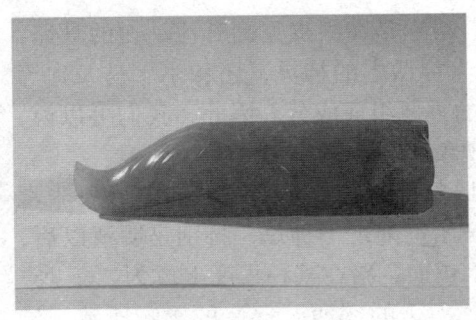

玉猪

这只"玉猪"虽然采用粗犷的写意手法,用整块原石雕琢而成,吻部一对獠牙却清晰可见,因此张敬国教授说这只"中华第一猪"是一只"野猪"。猪在新石器时代的遗址中大量随葬,显然其不仅仅具有实用价值,而是在精神层面占有重要位置。

据迄今为止的考古发现所知,各地新石器时代遗址出土的动物骨骼和模型中,以猪的形象数量最多,占其中大约1/3,而且在新石器时代晚期遗址中出土的猪骨数量更多。这些陪葬的猪骨骼中,尤其是随葬猪下颚骨的现象最为普遍,几乎遍及各个史前文化遗址。在甘肃永靖秦魏家遗址中,138座墓中有46座随葬猪下颚骨,达430块,数量惊人。山东胶县二里河遗址,在66座大汶口文化墓中,随葬有猪下颚骨143块。在泰安大汶口遗址中,发掘的墓葬有1/3用猪头或者猪的下颌随葬,且均为家猪。其中大部分用猪头,最多一座墓中达到14个。随葬猪牙、猪颚骨乃至整头猪的习俗遍及各地,是新石器时代一种非常普遍的葬俗。

关于葬猪的目的,目前考古学界给出的解释主要有以下几点:

一是代表财富说,这是其中较为主流的说法。在大汶口文化中,随葬猪头的数量基本和随葬陶器的数量或者规模相一致,猪、猪头、猪下颌随葬的多少可以部分反映墓主财产的多寡。

二是巫术宗教说。持这一观点的学者否认猪骨代表财富的观点,主张葬猪具有巫术目的和驱邪的功能。

综合来看,葬猪的巫术宗教目的说可能更加符合实际。

 2. 原始神话、传说中的猪形象

猪的形象还出现在神话传说中。有学者研究指出,《庄子》中《大宗师》中提到的狶韦氏,是一个开辟大神,即是一个以猪的形象为基础的神灵。而在《山海经》中,作为黄帝之孙颛顼之父的韩流,嘴巴像猪,脚似猪蹄。《山海经》中还记有:"流沙之东,黑水之西,有朝云之国,司彘之国。"汉代淮南王刘安所编辑的《淮南子》中记有"豕喙民"。汉高诱注解说"豕喙民"

第二章 古代养殖趣话

是长着猪嘴一样的人。

 3. 古典小说中的猪形象

在中国古代神话小说中，吴承恩的《西游记》成功地创造了"猪八戒"的形象，书中的猪八戒，是一个好色、贪吃、懒惰、爱占小便宜、耍小聪明、贪生怕死、善嫉进谗，而且对于求佛取经的苦行生活并无兴趣的人物。有研究者指出："他是一位双重喜剧人物，因为作为一个勉勉强强的取经者，他对出家生活了无兴趣，加上他形如

《西游记》中"猪八戒"的形象

妖怪，力大无比，除了大饱口福和搂着女人酣睡外别无所求。他是一个放大的普通世俗之人的形象，如果赋予他以世俗成功和家庭美满的适当刺激的话，他或许会变成一个更为严肃认真的人物。正因为缺乏这些刺激，他在取经途中变得越来越坏，成了一个忌妒、吝啬、胆小贪吃、沉湎于世俗生活享受的人。作为高家的女婿，他表现得自私而勤劳，同任何白天劳动、晚上来照料家室、美化住宅的自觉男人没有任何区别。他虽然好色，但只要夜夜有自己的浑家相伴也就心满意足了。因此，按一般的标准，他属于模范丈夫一类。他的岳父可能讨厌他的丑陋相貌，但却不能抱怨说，他在田里干活不特别卖力。甚至他的大胃口也是他辛勤劳动的直接后果。"也有学者认为，这位亦人亦猪的形象象征着缺乏宗教追求和人生抱负的、粗俗的纵欲生活。

养猪的农谚和民谣

农谚是农业生产第一线的广大劳动人民在生产过程中的经验总结，它在农业生产上的作用远远比那些农书运用得更加广泛，因为它更容易被农民掌握和使用，而一些所谓的农书，更多的只是高锁于高阁中的奢侈品，与普通的百姓并不直接发生关系，也并非普通老百姓都能够看得到的。因此，常常被忽视的农谚，却是曾经的真正经典，指导着许多老百姓的具体饲养活动。

可爱的小猪

关于中国的养猪谚语，种类比较多，涉及养猪的意义、饲养的方法、饲料来源、管理措施等。

为什么要养猪，这是很多中国农民最为关心的事情，在中国这个以农耕为主要产业的社会里，答案并不像欧洲人那样是唯一的，即提供肉食。由于古代中国人的饮食结构主要以素食为主，辅以蔬菜，加上油和盐，对多数的普通老百姓来说，吃肉是稀少的事情。早在春秋战国时期，"肉食者"即是当时贵族的代名词。特别是到了近代，由于人口众多，人均土地面积很少，人们的食物更多地依赖于种植业，第一要务是维持1年360多天粮食供应无忧，吃肉只是额外的恩赐，自然养猪的目的主要是田间庄稼有一个好的收成，这一目的在农谚中得到了充分的体现，诸如"农家第一宝，六畜挤满槽""畜是地的宝，没它种不了""无牛不成农，无猪不成家""牛大得力，猪大肥家""有猪有牛，攒粪不愁""牲畜喂料两得利，壮了牲口肥了地""畜多、肥多、粮食多""养猪又养羊，肥源有保障""要想庄稼好，还得猪上找""养猪不赚钱，回头看看田""养猪不上算，请到地里看""养猪两头利，吃肉又肥田""种田不养猪，秀才不读书""穷在栏里，苦在田里""栏中无猪，田中无谷""种田不离猪，扫盲不离书""不养鸡猪鸭，肥料无办法""养猪养牛，有肉有粮"。其中的"穷在栏里，苦在田里""栏中无猪，田中无谷"两条农谚，更是把养猪与种地的关系上升到了极致，即如果不养好猪，积好肥料，就要饿肚子了。各地的农谚告诉我们：养猪是手段，而生产出更多的粮食才是目的。

在上述如此多的农谚中，只有两句农谚中提到养猪为了吃肉，一是"养猪两头利，吃肉又肥田"。不过在这句农谚中，除了提到养猪的目的是吃肉以外，还没有忘记顺带着指出，养猪吃肉的同时，还有肥田的目的。二是"养猪养牛，有粮有肉"，仍然是将肉和粮食紧密联系在一起，可以想见中国古代直到近代，养猪在当时人们的经济生活中，处于一个极不寻常的地位。当时的人们并非不想吃肉，而是由于自然条件的限制，种植业成为人们的食物的主要来源。

第二节 养牛趣话

驯牛趣话

在古代人类生存的漫长历史过程中，狩猎和采集是赖以生存的主要实践活动，其中野牛就是重要的猎获物之一。随着网罗和弓箭的发明，捕获野牛的数量显著增多，人们就把吃不完的幼犊豢养起来以供匮食之需。这样，人类就逐渐由原始渔猎生活发展起初期的畜牧业。据《礼记·月令流》记述："能执伏牺牲谓之伏羲。"伏羲就是征服野兽的意思。殷墟出土的卜辞中有驯牛的记事。甲骨文中的象形文字，"牛"表示在牛肩上架横木以控制，"牢"表示养牛的圈；"牧"表示手执鞭牧牛。近代考古学家在浙江省余姚河姆渡新石器时代遗址里，除发现人工栽培的稻谷遗物之外，还有已驯化的大量的牛骨化石和畜圈；在仰韶文化和龙山文化遗址里，也发现了众多的牛骨化石，表明我国先民结束野蛮时代并走向文明曙光降临的历史时期，牛显然是贡献了一份力量。远在距今2000多年前，人和牛就已经存在着相互依赖的密切关系了。

牛是指有角大家畜或牛类家畜而言。现代牛在动物分类学上属于哺乳纲、偶蹄目、洞角科、牛属的牛种。它们的祖先和其他哺乳类的祖先一样，都是由四趾或五趾动物进化成偶蹄类的。在无垠的地球上到处都有牛属的代表。大约在中新世以后的地质年代，牛类的祖先开始分化成为独立的系统。它们有野生的，也有家养的。野牛有的栖息于茂密的森林内，有的奔驰于辽阔的草原上，有的攀沿在海拔5000～6000米的崇山峻岭中，有的生存于潮湿低洼或干燥沙漠里；而家养的牛则被饲育在良好的避风厩舍里。人类驯化的牛主

中国古代养殖
ZHONG GUO GU DAI YANG ZHI

水牛

要有三大类，即黄牛、水牛和牦牛。

黄牛的祖先是原始牛。古生物学家在我国东北、华北等地更新世地层中发现原始牛的遗骨化石。黄牛曾经作为我国古代牛类代表的总称。据陈藏器著《本草拾遗》记述："牛有数种，本经不言黄牛、乌牛、水牛，但言牛耳。南人以水牛为牛，北人以黄牛为牛。"直至唐代以后才分类称呼。黄牛适应性较强，遍布我国南北各地。人们习惯用黄牛这一名称，是因为它们以黄毛者居多。其实黄牛的毛色多种多样，这是根据人们喜爱而进行的有意识的选择结果。黄牛作为专用词汇的时间不太久。

水牛的祖先是亚洲平角水牛，在我国南北地区不同时代的古地层里，发掘出7个不同类型的水牛骨骼化石，可以窥视水牛的进化过程。从近代出土文物判断，古人驯化水牛总是和种植稻谷有密切的关系。汉代许慎《说文》中的"犙"，《玉篇》中的"犺"，以及司马相如《上林赋》中的"沉牛"，历代注释考证都认为是水牛。水牛有长角型和短角型两类，长角水牛分布于五岭以南地区，古称"州留牛"，体大力强，挽力超群；短角水牛分布于长江流域广大地区，古称吴牛，体形较小。随着人民的友好交往和迁移活动，长期以来这两类水牛相互杂交产生中间型水牛，交错地分布在南北许多地区。

牦牛古称氂牛，它起源于亚洲北部地区的野牦牛，在我国华北以及苏联西伯利亚和美国的阿拉斯加等地区均发现距今5000多年前的古牦牛化石。现今野牦牛仍成群地生活在青藏高原海拔4000～5000米的崇山峻岭之间，据考古学家推断，牦牛最早可能是由喜马拉雅山麓和昆仑山麓的羌人所驯化。

我国古代还驯化了一种为数不多的牛种——封牛，现今称为瘤牛，是岭南地区驯化的一种高肩峰牛。古籍《上林赋》中称作物辅。《后汉书·顺帝记》记述："阳嘉二年，疏勒国献狮子、封牛。"李贤注释："封牛，其领上隆起若封然，因以名之，即今之峰牛也。"宋代《海录碎事》记述："梧州出独峰牛，土人乘骑如马，谓之角乘。"表明在距今2000年以前，南方很多地

第二章 古代养殖趣话

区就已经驯养封牛使役，并随着人民的友好交往向内地传播繁衍。

家牛在人类的驯化下，按照人类的经济需要发展。例如，在周代以前，人们养牛主要供作食用，希望饲养的牛肌肉肥腯，臀部突出；春秋战国时代商业发达，养牛以供运输引挚，则要求驾牛的体型均匀紧凑，走得快，驮得多；汉代以来牛耕逐渐发展，则希望牛体高大，挽拉力强，而在水田或旱地作业又有不同的要求；近代由于乳牛业的兴起，则繁育的乳牛要求乳房大，

封牛，现今称为瘤牛

泌奶多，这就产生了现今世界上琳琅满目的类型和品种。

千百年来，动物经过人工培养以后，在人的手下改变了它们的模样，甚至再也不能认出它们本来的面目了。把今天人类驯化的牛和野牛相比，那简直面目全非，形态殊异。野牛的体躯硕大，前高后矮，性情凶猛，奔驰迅速，速度不亚于骠马，膂力足以抵御虎豹。很难想像现今驯养的耕牛、肉牛和乳牛在原始旷野森林中怎么能生存。从某种意义上说，它们已经成为与人类相依为命的畸形动物了。

水牛起源趣话

在南方有水牛的化石和遗骨是不足为奇的。但对北方出现的水牛化石，以及它和水牛的起源问题，人们还存在争议。因为在更新世以来的地层里，近几十年来已在我国发现不下七种之多的不同水牛化石，这些古生物学的发掘应特别引起我们畜牧学界的重视，由此重新探讨究竟中国水牛起源于何处。

1. 中国北方的水牛化石

在遥远的原始时代，中国北方已有水牛的野生种。至少是在万年以前，由于自然环境的变化，尤其是气候等生态环境的改变，从而迫使水牛的生存，

乃至几千年来的饲养移向南方地区,这些问题现在提出来显然与现代成了定论的学说是相违反的。因为当前在畜牧科学部门几乎公认,中国的水牛起源于印度或东南亚,只是人云亦云而已。

在相同的地质年代,在山西省境内还发现丁氏水牛,而且和德氏水牛很相似。丁氏就是已故的地质学家丁文江。在更新世晚期的地层里,还有杨氏水牛的发掘。在周口店猿人所在的另一地点,又有旺氏水牛的化石。上述的化石在东北和内蒙古也有发现,并不限于华北地区各省才有。一直到历史时期的安阳殷墟,更发现一种圣水牛的遗骨,是由短角水牛进化而来。

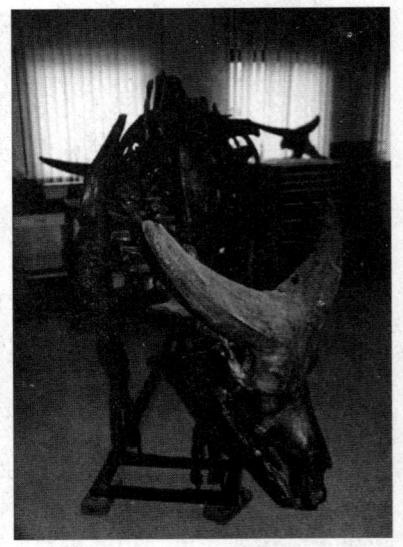

水牛的化石

 2. 东南地区考古发掘的水牛遗存

在最近几十年来,仅在安徽、江苏和浙江三省已有考古和地质科学工作者对水牛陆续有新的发掘,这些成为半化石的水牛只是在新石器文化遗址的发掘中随同出现的,可惜大多尚未引起我们应有的注意。

浙江省余姚县河姆渡文化遗址的发掘,引起了对水稻栽培历史研究的重视。该遗址出土的水牛头骨16件,另有破碎的颌骨和牙齿数十件,掌骨十余件,经过鉴定后,认为可能已是驯化的水牛,时代约在距今6700年前,好像与南方的原始农业很有联系。这些水牛头骨的角心粗短,两角从基部向后侧方伸展,角心横切面略呈等腰三角形,角尖后缘棱角清楚,前缘呈弧形,枕骨不突出而近于垂直。这些头骨如果是从遗址的第三地层出土的,则已被驯化的可能性较大,若出自更下面的第四层,而且与许多其他野兽骨混同在一处,是否已在驯化中,这就有些可疑。

第二章 古代养殖趣话

第三节 养羊趣话

为什么山羊驯化久远

山羊是人类最早驯化的家畜之一。考古学家认为，山羊被驯化至少已有1.2万年。古代亚述人称山羊为"穷人的奶牛"。这个比喻有褒义也有贬义，然而却恰如其分地表达了在漫长的人类生活史上山羊和人结下的不解之缘。

自从人类进入狩猎游牧生活以肉作为食品以后，就产生了两种新的成就，都是具有决定性意义的：一是火的利用，二是动物的驯养。当古代人有了较丰裕的食品并开始定居下来，野山羊可能是他们最早选留饲养的动物的一种。考古学家在伊拉克和约旦古代遗址中发掘出的洞穴壁画以及人们遗弃的羊骨碎屑，鉴定距今约1.2万年。在地处以色列的埃尔奇洞穴发掘出的羊骨，以及伊朗北部地区贝尔特洞穴发掘出的山羊遗骸，表明在公元前6000～8000年人们已经驯养山羊。到公元前3000年左右，山羊已遍布西南亚地区。中国的考古发掘确证，在公元前2000年龙山文化时期山羊已是人们的重要家畜。

山羊为什么能成为最早驯化的家畜之一？据推测可能有以下几个原因：其一，山羊是人们重要的食物来源。羊肉肥美，皮可御寒。特别是能在狩猎困难的严冬季节为人们提供食品。

山羊

公元前3500年亚述人牧羊图

其二，人们无须给山羊提供更多的饲料，因为大部分季节满山遍野的青草和树叶就足够饱腹了。其三，和许多大牲畜相比，山羊体躯小，便于饲养，而且还有牧羊犬——最早驯化的家畜作为羊群忠实的守护者。其四，也是主要的，山羊自身对自然条件具有很强的适应能力，使它能在严寒和酷热的各种气候条件下繁衍生存。特别是人们比较密集地居住在一起，并有较好的安全保护设施之后，使羊群的规模不断繁衍扩大，所以古代的民族、部落或王室均以拥有羊群数量作为衡量占有财富多少的标志。部落之间的袭击和帝王之间的征战，主要的掠夺对象就是羊。这也是古代使山羊发生混杂、传播迅速并产生广泛适应能力的重要原因。

考古学的发掘显示出山羊在古代人民生活中有崇高的地位。人们为纪念山羊做出的贡献，把山羊的图形雕刻在石碑上，塑造在陶器上。在帝王宫殿或神庙的饰物上，几乎都显示出山羊庄重、严肃的形象。近代在美索不达米亚出土的公元前4000年的陶器上，绘制有已经驯化的公羊；在巴格达出土的瓦罐上，绘制公元前3500年人们饲养羊的图景。公元前3200年苏美尔时代绘有羊形的护身符和圆形印章。在公元前2400年乌尔王朝墓穴出土的双羊雕像：一对青石玳瑁金银公山羊，后肢立地，前肢伏在一棵树上食叶。特别是古埃及以及克里特岛米诺文化的国玺，都雕刻有庄重的公羊头像。

斯堪的纳维亚半岛有一个古老的传说，雷神托尔通常乘坐一辆由两只公山羊驾驭的车。他有这样的怪癖：每天晚上把这两只山羊宰杀充饥，第二天早晨再使它们复活。古希腊神话里讲山羊的故事很多。阿玛尔特山羊用自己的奶养活了万神之王宙斯，因此后来成为摩羯星座的标记。臭名昭著的潘神阿卡底亚，是宙斯的异母兄弟，他喝了阿玛尔特山羊的奶，出生时长出羊角、羊须、羊尾和羊脚。传说中的另一魔怪是一只狮头、羊身、蛇尾的吐火怪物，有很多种野兽都要拜倒在它的脚下。

羊类奇趣珍闻

山羊和绵羊是羊族中的两大类，体躯和习性也极相仿。两者比较可以看

第二章 古代养殖趣话

出山羊奇特之处。山羊体躯瘦,头长,脸面垂直,有须;绵羊体躯丰满,头短,脸呈凸圆形,无须。山羊角多为三棱形并呈镰刀状弯曲,绵羊角呈螺旋形,粗大。在山羊和绵羊的混合畜群中,往往是山羊行使指挥权,并且是绵羊最聪明、最大胆的伙伴。当遇到危险时,山羊向羊群发出警报,带领绵羊通过危险区,缓和绵羊的惊恐。山羊自己往往立于没

绵羊

有植被的高岗,使群羊显而易见。在角斗时,山羊排成扇形阵势迎难而上,绵羊却缩成一团或成群逃窜。而山羊,尤其是有角的公山羊,会用匕首似的尖利的角抗敌,勇猛异常。格斗时高抬前肢,用头横撞,用角尖刺敌,或将前肢举起像人站起来一样,而后突然用角向下勇猛撞去。

山羊和绵羊相比,脚板稳,胆量大,能在贫瘠荒芜的地区攀登陡峭的山坡,并且稳健地站立在危险的悬崖峭壁上。当羊群采食灌木丛枝叶时,总有一个或几个公山羊站岗放哨,一旦发现某种可疑迹象,它们便立即发出警报,迅速转移或准备战斗。山羊在觅食活动中有很大的独立性,但在获悉警报以后,立即四面散开,组成一条防线迎难而上;当被追逐时便分成几个小团体。据说,安哥拉山羊对敌态度非常特别。当猛兽接近羊群时,它们立即聚合成一个高堆,强者爬到堆上,弱者被压在堆下,野兽见到这种情形,往往被惊吓而踯躅不前。

公山羊之间发生格斗,往往是为了争夺发情的母羊。格斗时,公羊先拱肩互相威胁,而后转圈寻隙猛撞。有时它们还会坐下来,用前脚刨土互相掷击。为此,公羊常会留下许多斗殴的伤痕。战斗结束,获胜者可以同时占有几头母羊。母山羊之间也常发生争斗,主要是为了保卫自身栖息的地盘。

在一个羊群中,根据山羊的好斗和顺从程度形成一个等级制度。新来的山羊必须在羊群中确定自己的地位并行使自己的权利。羊群行进时只能有一只带头羊,按一定路线走向牧场,一路上都按头羊的样子食草。在由母山羊和小山羊组成的混合羊群中,母山羊让小山羊到较远的地方吃草,母羊瞭望,小羊怀疑有危险时就地蹲下。山羊之间保持视野联系,每只山羊有次序地经常检查是否安全。每只山羊在群内很安静而且互相信任,一旦离开羊群就发出惊恐的呼叫。

山羊不像狗猫那样经常睡觉,但它们也有嗜睡期。用电脑图扫描器记录到山羊有与其他家畜相同的深睡或麻痹状态。山羊睡眠时躺在地上,肌肉松弛,两耳下垂,虽然它的双目张开,但已完全与外界失去联系。

野生绵羊的祖先是谁

绵羊这一属动物,在世界上有许多不同的种和亚种,这是根据各地区的野生类型形态学的各种特征而有几种不同的分类,例如有把大多数的野绵羊分为摩夫伦型和阿尔格里型两大类群。前者公羊的角长弯而不呈螺旋状,也有把摩夫伦称为欧洲的野绵羊。阿尔格里型的绵羊一般都形成螺旋形的长角,体格亦较大,大多数分布在我国天山、阿尔泰山和帕米尔高原一带。在这两大类群中和我国现有绵羊品种最有血缘关系的当推阿尔卡尔野绵羊和羱羊或盘羊及其若干亚种,它们分别属于以上的两大类群。但曾经也有如此的分类:(1)东北亚和北美的巨角野绵羊;(2)羱羊,其中包括摩夫伦野绵羊,阿尔卡尔野绵羊及其他二十多个亚种,显然把上述两大类群都归入羱羊这一种内。目前一般同意前一种分类,但也不是很满意。由此可见,野绵羊的种类很复杂,再加以家绵羊的品种更是繁多,它们和野绵羊之间已存在很大的差别,以致关于绵羊的起源问题,或出于何种野生类型驯养而来,至今并没有完全解决,不过某些地区的野绵羊肯定和古代的绵羊是有关系的。

上述各种野绵羊的命名,迄今也不是统一的,它们一般都按头骨特征特别是角的形状分类,而且有些名称还是根据东方草原民族的语言转译而来的。不论怎样,羱羊迄今尚存在我国西北边疆地区,而且常有捕获。在新疆八一农学院畜牧兽医系曾保存一具完整的头骨,角长而呈典型的螺旋形,是很有代表性的一种羱羊。

由以上所知,绵羊的祖先有很大的骨骼,因化石羱羊的臼齿更为发达,但和在泥河湾三门系地层收集的山东野绵羊化石比较,则又有明显的差异,因为后者的角心更为细长,横断面更呈三角形,角的方向更为挺直,枕骨在角心的后方更为突出。照这样的比较观察,可以推测山东等地的化石绵羊已是羱羊的一个变种。是否在上古时代我国华北一带的绵羊也起源于这种成了化石的山东绵羊,而未必一定来源于西北高原。这一点在此是一个推测,只是目前在国内这方面的古生物学资料还很少,有待进一步去研究。

第二章 古代养殖趣话

第四节
其他动物养殖趣话

 **我国最早的水库养殖**

昆明池是我国最早的一座水库，距今约2000年。

昆明池是汉代首都长安附近的一处相当规模的渔产基地，昆明池故址在今陕西省西安市南斗门镇东南一片洼池。当时长安入水流量甚大，沣、滈、潏、沼四条河流泛滥后泻入斗门一片洼地，造成许多水泊。汉武帝时，主要通过人工筑坝拦洪，开渠建闸等设施，成为一座练兵、航运、养鱼、灌溉以及供给长安城市用水的大型平原水库，史称为昆明池或昆明湖。据《三秦记》载："昆明池中有灵沼，名神池云，尧时治水，尝停船于此地，而汉武帝又名目昆明耳。"前汉书《武帝本记》还载有："元狩三年（公元前120年）发谪吏穿昆明湖。"颜师古的注释中说："昆明池在长安西南，周围四十里。"据考证，昆明池图基本上是椭圆形，在24000亩以上。

利用昆明池养鱼在《西京杂记》和《三辅故事》中都有记载；汉武帝作昆明池学水战法。后汉昭帝年少，于池中养鱼，以给诸陵祠，余付长安，市鱼乃贱。约在公元前80年，汉昭帝即位后七年，才把昆明池养鱼作为一项生产事业。

根据宁波市鄞县志记载，宁波鄞县车钱湖，兴建在唐朝。天宝三年，离现在1000多年，该库原有面积8万多亩，能灌溉农田50万亩，该库有7个水坝和5个排水闸，盛产鳜鱼、鲌鱼、鲮、蟹、黄尾密鲴等，中华人民共和国成立前最高年产鲜鱼40～50万斤。由于该库长年累月泥沙的淤积，目前该库平均水深只有1.7米，面积由于围库造田缩小了1/3，只有2万亩左右。这座

水库逐渐向浅水湖泊演变，1950年该库建立了国营东钱湖渔场，该场在改进外荡拦鱼设备方面做出了一些贡献。

除上述两个水库兴建最早以外，尚有大水库是甘肃省的鸳鸯池，辽宁省的闹得海，吉林省小丰满和二龙山水库，黑龙江省的镜泊湖等。这些水库以捕捞为主，中华人民共和国成立后才开始进行人工放养鱼种。中华人民共和国成立前，我国水库渔业基础是比较薄弱的，捕获水库中以天然鱼类为主，而人们所采用捕捞网具和钓具，主要采用在江河中的捕鱼工具。

为什么说骏马出神州

马在动物分类学上属马科马属。马属动物中的马、驴和斑马都来自一个共同的祖先。现代马是从古代野马经过漫长进化和人工选择而产生的。生物学家常常把马的进化看成是生物进化史上最系统、最确实、最典型的例证。马的进化史概括为始祖马、中马、原马、上新马和真马五个阶段。考古学家在世界各地发掘出的马骨化石及野马分布地区表明，马的驯化中心在中亚的天山山麓以及中国的西北边陲草原地区。直至19世纪初期，这些地区还有马的祖先——蒙古野马和鞑靼野马的踪迹。

我国考古学家认为，在距今40万年以前，野马已经是周口店北京猿人的狩猎对象。近代在江苏大汶口新石器时代遗址中，发掘出众多殉葬的马和雕工精细的陶马。表明在距今6000年前古人已开始驯化野马并作为祭牲。殷商时代的甲骨文记录表明，马在距今4000年前已是驯化的重要家畜了。

秦汉时战争频繁，统治阶级都非常重视马的繁育与改良，天马就是此时从西域引进的优良马种之一。天马又称汗血马。《史记·乐书》记述："大宛有天马种，踢石汗血，号一日千里。"《西域图记》对天马有如下描述："其马骝马、黑马，多赤耳，黄马、赤马，多黑耳。惟耳色别有余，毛色与常毛不异。相传大宛国中有高山，其上有马不可得，因取五色马置山下与集，所生之驹，皆为汗血，因号为天马子。"又据《前汉书·张骞

鞑靼野马

第二章 古代养殖趣话

传》记述："乌孙竞与汉通婚，初天子发书易曰：神马当从西方来。得乌孙好马，名曰天马。"乌孙国即今日新疆伊犁地区。这是古代人以马联姻的逸事。汉代皇帝还在京都长安为天马建造豪华厩舍，举行盛大礼仪。时人赋有《天马歌》曰："天马来兮从西极，经万里兮归有德，承灵威兮降外国，涉流沙兮四夷服。"（《史记·乐书》）

马踏飞燕——天马

1969年，考古学家在甘肃武威汉代古墓中，发掘出雕工精细的工艺品——天马。它体态轻盈，神形兼备。昂首扬尾，四蹄腾空，动作协调，自由奔放。最令人惊叹的是，马的一只后蹄正踏在一只龙雀的背上，显示天马飞奔的瞬时动态神姿。这件造型别致的珍贵文物反映出距今2000年时我国绘画、雕刻、冶炼、铸造多方面技艺的结晶，也记录着我国悠久的养马史和珍贵马种资源。1984年，我国旅游管理局把天马作为中国旅游图案的标志，象征着中华民族在腾飞，在前进。

唐代皇帝重视马的改良，珍重"宝马"。据《唐会要》记述，唐高祖武德年间（618—626年），康居国献马4000匹。这些马体躯高大，彪悍健美，对改良马种起重要作用，"既杂胡种，马乃益壮"。以后又相继从大宛、乌孙、突厥等国引进良马。唐太宗的著名坐骑"昭陵六骏"就是遐迩闻名的良马。它们的名字分别是：拳毛䯄，黄毛黑喙；什伐赤，纯赤；白蹄乌，纯黑；特勒骠，黄白喙，微黑；飒露紫，搦骝；青骓，苍白杂色。这六匹骏马气势磅礴，姿态雄伟，各具特征。其中飒露紫体高160厘米，传说是唐太宗李世民的战骑。据《唐昭陵石迹考》记述：太宗讨王世充战于邙山，以数十骑出阵，流矢伤马，仍负伤勇猛战斗，直至胜利。西安博物馆里还保存着"昭陵六骏"的石刻象，记述战马立功救主的逸事。贞观十二年，居住在瀚海以北的"骨利干"族献良马百匹，其中有十匹极受唐太宗珍视，赐名为"十骥"。它们的名字分别为腾云自、皎雪骢、凝露白、元光骢、决波騟、飞霞骠、发电赤、流金弧、翔麟紫、奔虹赤（《唐书·回纥传》）。唐玄宗时大宛进贡的六匹骏马，有红、紫、青、黄、丁香、桃花诸色。唐玄宗赐名为红玉、紫玉、平山、凌云、飞香、百花。饰以锦缎，佩以碧玉，金碧交辉，环铃叮当。珍贵的崗土文物唐三彩马就是很

好的佐证。这些姿态各异的战马及其英雄逸事在唐代文学艺术作品中屡见不鲜，通过雕刻、绘画、诗词、歌赋等抒发了对骏马的赞誉。

唐代著名文学家柳宗元，在他的《晋问》第三问中，以华美辞藻倾注感情着实对晋地畜马盛况大加赞颂。"晋国多马，屈焉是产。"这是说晋地出产的马最好。接着叙述晋地畜马的环境条件："土寒气劲，崖圻分裂，草木短缩，鸟兽坠匿，而马蕃焉。"他形象地描述绚丽多姿的马，"或赤或黄，或玄或苍，或醇（纯色）或犏（杂色），黝然（黑色）而阴，炳然（明亮）而阳"。描绘群马奔驰的情景："乍进乍止，乍伏乍起，乍奔乍蹶，若江汉之水，疾风驱涛，击山荡壑，云沸而不止。"马群漫步在河边，"群饮源槁，回食野赭；浴川蹙浪，喷震播洒，溃溃焉，若海神驾雪而来下"。马群散开相互追逐，"观其四散惝悦，开合万状，喜者鹊厉，怒者人搏；决然岔跃，千里相角，风骏雾鬣；耳摇层云，腹捎众木，寂寥远游，不夕而复"。展示了一幅西北地区万马奔腾壮丽的画卷。

历代都十分重视对马匹的引进和改良，为我国培育良马奠定了基础。千百年来，我国劳动人民因地制宜地选育了许多优良马种：蒙古马，产于内蒙古和黑龙江地区，体质结实，胸阔深长，肌腱发达，被毛浓密，适应性广。三河马，产于黑龙江呼伦贝尔盟，性温顺，耐粗饲，适于群牧。西南马，产于云、贵、川地区，体态匀称，蹄质坚实，善于爬山越岭，负重致远。伊犁马，产于新疆伊犁地区，头颈高昂，四肢强劲，步履稳健，很适于驮乘和使役。其他著名的良马还有河曲马、焉耆马、岔口驿马等。

古今养狗业的变迁

在远古相当长的一段时期，狗在人们生活中有极其特殊的地位。例如，古埃及人尊狗为神，在庄严的神龛里供奉的不是天使和仙女，而是一只彩色斑斓、威武雄壮的狗像。法老王宫里豢养的狗，经常都要披挂彩衣，颈着项圈，上面刻写着狗的名字和生日。狗死后还要以棺木盛殓，鼓乐送葬，立碑志铭。非洲有些部落信奉的图腾

公元前3000年古埃及人驯狗图

第二章 古代养殖趣话

就是狗，朝夕顶礼膜拜，赐降吉祥。古罗马人和古希腊人还把形态各异的狗铸造在银币上以永志不忘。

人与狗长期为伍并建立起相互信赖的感情联系，人类根据自己需要的选择驯化而改变狗的形态。从考古学发掘的片断资料得知，在公元前2100年埃及第十四王朝的墓碑上，已经有了好几个变种的狗；在公元前2000年印度有了黄毛狗、猎狗、膝狗、曲狗、家狗、灵猩和獒；在距今2000多年古罗马人豢养的狗，已经有了家狗、猎狗、膝狗等10多个优良品种。

公元前1世纪古希腊动物学家亚里士多德著《动物志》，对家狗的形态和习性有比较详细的描述。在谈到狗的繁育时说：狗有数种。其中斯巴达猎狗雌雄均足八月适于配种，雌狗经一次交配即可怀孕，妊娠期为60日，一般相错不过2～3日。狗产后6个月再度发情，发情期14～16日，行经期7日。母狗一胎产5～6崽，多者可达12崽。雄狗寿龄一般10年，雌狗12年。但荷马诗篇《奥德赛》中记述攸利茜兹豢养的狗，寿龄在20年以上，这也可算是"狗寿星"了。同一时代的古罗马农学家瓦罗著《论农业》中有专门谈狗的章节。他说：狗有两类，一类是用于在森林中狩猎野生动物；另一类用于对付猛兽。每一类狗都有许多优良的品种。瓦罗详细叙述了狗的年龄、体形、墨种、贸易、喂养、繁殖、管理、健康、头数等。虽然篇幅不多，方法简单，但可以算得上是世界上最早的、比较系统的关于狗的饲养繁殖技术的著作了。

我国传说时代的伏羲氏，把狗列为八卦中的艮卦，并教民饲养六畜，其中就包括狗。殷墟出土的甲骨文中有狗的象形文字，记述当时畜狗狩猎的情景。卜辞记有渔猎197条，其中186条均为田猎，在一次猎获中就有384只鹿，可以推想出动猎狗之多，狩猎规模之大。周代时养狗有三种用途："一曰守犬，守御田宅舍也；二曰田犬，田猎所用也；三曰食犬，充庖厨庶羞用也。"（《礼记·少仪》）养狗还有一个重要用途就是供作祭牲。《礼记》记述："季秋之月，天子乃以犬尝稻先荐寝庙。"《说文》解释"献"字："宗庙犬名羹献，犬肥者以献之。""奉献故用犬旁"。《殷墟书契前编》记述："其用牲数或一或二，或三或五……而止于百"；在一次重大祭祀仪式上，"五十犬，五十羊，五豚"。可以想象，用这么多健壮的狗供作祭祀，饲养狗的数量必然相当可观了。实际上，供祭祀用的狗主要还是供人们食用，这反映当时狗肉也是重要肉食来源之一。《孟子》记述："鸡豕狗彘之畜，无失其时，七十者可以食肉矣。"春秋时期的大力士朱亥，战国时期的荆轲挚友高渐离，汉初刘邦的名将樊哙，都是屠狗卖肉出身的名家。

39

历代统治阶级为发展养狗业，设置了狗官和专司养狗的机构。周代的狗官称"犬人"或"槁人"。《周礼·秋官》记述：犬人，掌犬牲。凡祭祀，共犬牲，用牷物。《周礼·地官》记述："槀人掌共外内朝冗食者之食，若飨耆老，孤子，士庶子，共其食，掌豢祭之犬。"1974年，考古学家在山东临沂西汉古墓发掘出《相狗经》竹简碎片，表明当时已应运产生精湛的养狗技艺。

汉代养狗业兴盛。皇宫设"狗中"和"狗监"的官职，扩大养狗的规模。"走狗"成为帝王将相茶余饭后的娱乐。汉武帝在黄图、上林建立"犬台宫"，文武百官定期观赏"斗狗之戏"。《后汉书》记述，汉灵帝令百官着古服饮酒为乐，弄狗着进贤冠带绶。《三国志·孙皓传》记述："何定使诸将各上好犬，皆千里远求。一犬至值数十匹；御犬率具缨，值钱一万。"这可谓罕见的高价了。西晋传元写下了热情洋溢的《走狗赋》："骨相多奇，仪表可嘉，足悬钩爪，口含毒牙，首类驶螨，尾如腾虫也，修头阔腋，广前稍后，丰颅促耳，长义缓口……"南北朝时期，皇宫里为豢养的狗赐名为"狗夫人"或"郡主"，享受与人相同的诰封。《北齐书·恩幸传》记述北齐后主高纬给几只猎狗封授高官："犹以波斯狗为仪同、郡君，分享天禄。"仪同，即"仪同三司"；郡君，乃显贵女官。可见高纬是按猎狗性别分授高官并享受"天禄"的。唐代皇帝专门为狗兴建一座华丽宽敞的"狗坊"。诗人王禹偁著《固陵犬赋》，描绘宫廷畜狗的豪华场面："嘉彼御犬，既良且驯，蒙先朝之乃眷，向皇宫而托身，有警跸以皆从，无起居而不亲，绣缇饰以炜炜，金铃奋而振振，饲以公庖彭泽之鱼兮，曾何足道。"可以窥见"皇犬"所享受的优厚待遇。

驯狗捕鼠可谓古人一大发明。最早始于战国，兴于秦汉，魏晋时有很大发展。有一则故事说："齐有善相狗者，其邻假以买取鼠之狗，期年乃得之。曰：是良狗也。其邻畜之数年而不取鼠，以告相者。相者曰：此良狗也，其志在獐、麋、豕、鹿，不在鼠。欲其取鼠也则桎之。其邻桎其后足，狗乃取鼠。"（《吕氏春秋·士容论》）意思是说让狩猎的狗捉老鼠，需要把它的后腿拴起来。三国时谢承著《后汉书》中，有"夫东家之有犬，不忍见西家之有鼠"之句，借狗捕鼠以喻对贪官苛吏的惩处。西晋葛洪著《抱朴子》中，也记载有"鼠在虎侧，则狸、犬不敢睨"。《晋书·刘毅传》记述："毅将弹河南尹，司隶不许。曰：攫兽之犬，鼷鼠蹈其背。毅曰：既能攫兽，又能杀鼠，何损于犬！"意思是说狗有捕兔、驱狼、牧羊、守宅之才，兼有捕鼠之技，并不是大材小用，而正说明狗的多能博艺。据说狗捕鼠的技艺高超，而且食量颇大，一次可吞食十几只老鼠。随着猫的驯化和繁殖，狗捕鼠的作用才逐渐

第二章 古代养殖趣话

退居次要的地位。

驯狗使役在偏僻地区古已有之。《元史》记述:"辽阳等处行中书省所辖,狗站一十五处,元设站户三百,狗三千只,以狗供役之驿站也。"《癸辛杂识》记述,北域五城,"自八月至四五月,海水皆冰,人物行其上,如履平地,站车往来,悉用四狗挽之,其行如飞。"《清文献通考》记述:"自宁古塔七百余里……有狗车木马轻捷之便,狗车形如船,以数十狗曳之,往来递运其土产貂物等,岁以为例。"直至今天,在冰天雪地的北国地区还驯狗挽拖,而且也是一种颇受人们欢迎的竞技活动。

闲情逸致看斗鸡

畜禽搏斗是一种竞力本能。例如当公鸡和母鸡饲养在一起时,两只公鸡为了争做首领和独占雌鸡而进行殊死搏斗,直至双方鲜血淋漓,精疲力竭,胜负分明。人类就利用畜禽这种飞舞啄斗的习性寻欢娱乐。有史可查的角斗畜禽包括牛、羊、鸡、鸭、猪,甚至还有象、狮、虎、熊等。但野性动物捕之不易,驯之尤难,而且性恶伤人。因而,千百年来,畜禽打斗之乐传布地域最广,延续时间最久、最惹人们喜爱的,莫过于斗鸡了。

春秋战国时有这样一段逸事:传说纪浩子是一位著名的斗鸡专家,齐王请他训练斗鸡。十天之后齐王问:"鸡训练得怎么样了?"纪答:"不行,它一看见鸡,或听到鸡叫,就跃跃欲试,很不沉着。"又过了十天,齐王又问:"可以了吗?"纪答:"不成,它还心神不宁,火气没有消除,还气鼓鼓地瞪人。"再过十天,齐王又问:"现在该成了吧?"纪答:"差不多了,本事学到了,骄气没有了,心神也安定了。即使有其他鸡叫,它好像毫无反应,不论遇见什么突然情况,它都不动声色,看上去好像木鸡一般。其他鸡看见它,吓得转身逃走,哪里还敢斗!"果然,这只鸡后来每斗必胜。后世衍生出的"呆若木鸡"成语故事即源于此

斗鸡游戏

41

(《庄子·达生篇》)。

  古人把善斗的鸡称为鹖鸡。《尔雅》记述："鸡三尺曰鹖。"郭璞注："阳沟巨鹖，古之良鸡。"鹖就是一种大型斗鸡。《战国策》记述苏秦游说齐宣王时，曾谈到山东临淄一带的老百姓除了"吹竽鼓瑟，击筑琴"之外，很喜欢"斗鸡走马"。《史记·货殖列传》也记述京都人士"搏戏驰逐，斗鸡走狗"。为了获取斗鸡的胜利，主人还要采取一些助威措施。《左传》中记述鲁国的季氏和郈氏斗鸡。前者"芥其鸡"，就是说将芥末撒在鸡的羽毛中，使其搔痒发怒；后者"为之金距"，在鸡脚趾后方突起处装上锐利的金属物。《庄子》还记述："以狸膏涂其头。"因为狸善捕鸟，斗鸡闻之胆怯生畏。以上措施都是辅助斗鸡取胜的诀窍。

  秦汉以来，斗鸡成为皇室国戚时尚娱乐。《西京杂记》记述：汉初鲁恭王好斗鸡鸭，"一季耗谷二千石"之巨。考古学家在河南郑州发掘出的西汉浮雕斗鸡图，画面两侧各立一人，皆戴冠着长衣，手向前举，吆喝助威；中为二高足长尾雄鸡，昂首啄斗，跳跃奔驰。考古学家还在江苏涟水县西汉古墓发掘出的一具铜壶上，绘制有一幅斗鸡图：长颈粗趾，胸突尾长，展翅昂首，怒目圆睁，再现古人斗鸡的壮观场面。汉时已有专司斗鸡的"斗鸡翁"，甚至连军中也饲养斗鸡供将士取乐。三国时发展成为"宝剑值千金，被服丽且鲜，斗鸡东郊道，走马长楸间"（曹植《名都赋》）魏明帝还在邺都筑起了"斗鸡台"。初唐时京城长安斗鸡之风颇盛，每逢寒食节、清明节都要举行斗鸡盛会。杜淹在《咏寒食斗鸡应秦王教》诗中，细致地描述了斗鸡场面：

    寒食东郊道，扬鞲竞出笼。
    花冠初照日，芥羽正生风。
    顾敌知心勇，先鸣觉心雄。
    长翘频扫阵，利爪屡通中。
    飞毛遍绿野，洒血渍芳丛。
    虽然百战胜，会自不论功。

  皇戚官贾视斗鸡为时尚娱乐，有闲人等趋之若鹜。诗人王勃写了一篇《檄英王鸡》，规劝王宫贵族治理国事，勿沉溺于"斗鸡走马"之乐，因而激怒皇室而被罢官。唐玄宗时斗鸡昌盛。每年八月五日"千秋节"——唐玄宗生日，以及元旦、清明节，或在宫中，或在孤山，或在鸡场，都要举行盛大

第二章 古代养殖趣话

的斗鸡会。金鼓齐鸣，百乐合奏。上行下效，民风趋向，家家养鸡三五十羽，老少皆乐观赏。一只优胜的斗鸡时价数千金，或抵百匹骏马。富人争出重金强购斗鸡，甚至还有为此而倾家荡产者。传说长安有民贾昌，13岁时善辨斗鸡勇怯，熟知调教之法，甚为唐玄宗赏识，诏封为鸡场五百小儿总头目，赐名"神鸡童"，还在宫中建立"斗鸡

古代的斗鸡品种——寿光鸡

殿"，调教斗鸡以供皇戚玩赞。这五百"鸡坊小儿"备受宠幸，为非作歹，欺压百姓。民谣传云："生儿不用识文字，斗鸡走马胜读书。"诗人韩偓写了一首《观斗鸡偶作》诗："何曾解报稻粱恩，金钜花冠气遏云。白日梟鸣无意向，惟将芥羽害同群。"讽刺那些官僚昏吏，拿着俸禄不为百姓做事，只会像斗鸡者一样沉溺于阴谋诡计陷害黎民。

明代斗鸡习尚兴盛民间，且常以斗鸡赌胜，掷注万千。因而有专以饲育斗鸡开设赌场为业者。据《花镜》记述："有一种斗鸡，似家鸡而高大，勇悍异常，诸鸡见之而逃。其相以冠平爪利者为第一。每斗，虽死不休，好事者畜之，于深秋开场赌博。先将两鸡形状，审得大小相当，方放入围场，听其角斗，每以负而叫走者为败。"清时民间流传的抄本《鸡谱》，详细记述斗鸡的形态特征及其与体质、勇怯的关系，以及斗鸡调教之法。指出"眼者为鸡之重要"器官，要求"喜清而不喜浑"，以红眼者为佳；鸡冠必须"中梁微高，三梁无蕊，皮肉苍固，视之昂然如蜂之耸者佳"；鸡颈要"皮肉坚固，粗而不短"；鸡腰"为胸之山，以持其勇怯也。腰长胸阔，骨肉相称者为上"。而鸡的红、青、紫、黄均为斗鸡羽毛的正色。

我国古代的斗鸡品种——寿光鸡，北魏贾思勰在《齐民要术》中称为慈伦鸡，体躯大，个头高，双爪锋利。史载鲁北地区人民好斗鸡，寿光鸡价值连城，为防止鸡种外传，连嫁女都要把鸡蛋煮熟后才能带走。古代优良斗鸡品种至今大部分散失或绝种。20世纪80年代科学家在河南省东部地区发现了一个优良斗鸡品种——中原斗鸡，它的体形紧凑，躯体结实，腿骨粗壮，跳斗敏捷，喙短锋利，尾部下垂，鸣声高吭。

中国斗鸡大约在隋唐时代传入日本。据日本《三代实录》记载，在公元

43

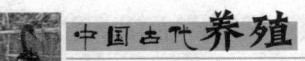

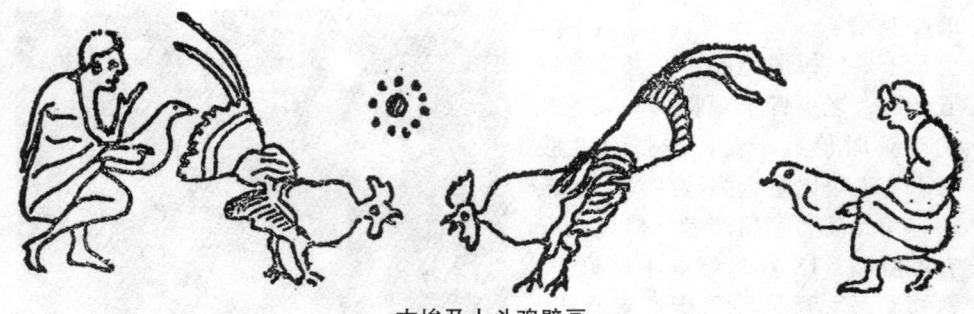

古埃及人斗鸡壁画

781—1185年平安朝时期，遣唐史从山东地区带去了鹞鸡，取名"唐丸"。斗鸡自此盛行日本，宫廷每年都要举行4～5次斗鸡盛会；到17世纪德川幕府时期，斗鸡之风发展成为民间普遍的文化娱乐活动。

今天，斗鸡不仅是世界性民间喜闻乐见的娱乐活动，而且发展成为重要的竞技项目。欧美很多国家每年都要举行斗鸡盛会。同各项竞赛一样，对斗鸡有执法如山的裁判，以及极为严格的斗鸡标准，包括斗鸡的血缘、系谱、年龄、重量、竞斗经历等。优胜斗鸡的主人可以获得优厚的奖金和荣誉。因此，斗鸡品种的选育和改良越来越受到畜牧学家的重视。

家鸽的驯养

家鸽是从原鸽进化而来的，家鸽的祖先有岩鸽和林鸽两种。东方鸽的祖先称为林鸽，它的特点是飞得高，定位性好，但飞行距离短；西方鸽的祖先称为岩鸽，它的特点是飞行快，距离远，但归巢性比较差。在遥远的年代，种类繁多的飞禽里就有家鸽的祖先，它们为适应原始旷野的生态特点和自然界的物种竞争，锻炼出了它们飞行千里、翱翔太空的禀赋。直至今天，在欧洲地中海沿岸、中近东和南亚等地，还有群居的野生鸽分布，它们的适应性强，繁殖率高，栖息在海岸险岩和峭壁之上的洞穴中，很少在树丫筑巢栖息。这是它们为抵御天敌、适应自然而保留下来的生活习性。

在远古人类以游猎为主的生活中，大量的野鸽无疑是猎取数量最多的一种。鸽子食味美好，繁殖力强，性情温顺，惹人喜爱。在当人们定居下来而猎物又有富余时，就把野鸽留下来饲养，鸽子在千百年来长期与人类为伍的生活中，根据人类的需要逐步发展成为品类繁多、形态迥异的家鸽了。

根据考证，远在新石器时代原鸽就已经开始家化，但直至今天仍然缺少可以佐证的实物。在古代文明繁荣昌盛的美索不达米亚平原，曾发掘出公元前4500年为民族英雄哈拉夫陪葬的一具陶制鸽像，造型别致，姿态逼真，但尚不能判断它是原鸽还是家鸽。在公元前3000年埃及王宫的菜单上，也有一道以鸽肉烹制的佳馔。传说亚述国王聪明美丽的王后斯密拉米死后变化成

公元前2000年埃及人装饰古墓的鸽塔

一只纯洁的白鸽飞向天宫，所以出土的古代亚述浮雕和陶器制品都绘制有精致的鸽像记述王后的逸事。它代表公元前2000年左右的光辉灿烂的米诺文化和穆纳文化。

纯洁美丽的白鸽古来被人们尊为圣物，古希伯来人认为鸽子是专司爱情和幸福的女神阿斯台特的化身，是和平忠贞的象征。鸽子通常被豢养在寺庙或神殿中，在举行重大的祭祀礼仪时，鸽子还被用作为祭品，鸽子的崇高形象常常被铸造在银币或绘画在陶器上。特别是在王族和皇戚的古墓上，都要建筑一座造型优美的巨型鸽塔装饰墓顶，以便让鸽子在那里朝夕翱翔，繁衍生息，借以象征忠贞不渝，千古永存。

在漫长的中世纪时代里，鸽子成为基督教义中仁慈和友爱的象征。人们常常把它和圣母玛利亚联系在一起，有一种巨大的精神意志把鸽子紧系人们的心灵之中。鸽子的庄严形象大量地出现在小说、诗歌、戏剧、绘画等文学艺术作品中，人们决不轻易食用鸽肉或故意伤害它。近代到欧洲各国旅游的人，特别是到梵蒂冈观光的人，都会被广场上铺天盖地的美丽鸽群所吸引，它们落你肩头，或啄你赏食，人们不仅虔诚地向鸽子表示敬意，而且喜欢伴随有节奏的鸣叫声与和平鸽合影留念。

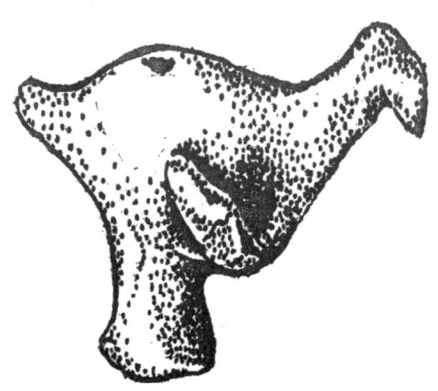

公元前4500年波斯古墓出土的陶鸽

中国古代养殖
ZHONG GUO GU DAI YANG ZHI

东汉古墓出土的陶楼模型

我国也是家鸽的起源地之一。据鸟类学家郑作新报道，中国有13种鸽，它的野生祖先广泛分布在我国北方和西北地区，能和家鸽杂交产生后代。在我国，家鸽的驯化可能比鸡要晚一些。《周礼·天官》中记载有六禽。郑司农注释："六禽：雁、鹑、鷃、雉、鸠、鸽。"这里所说的鸽可能指的是野鸽以供作野味。近代在广西贵县东汉古墓出土的陶楼模型，在屋檐角下有鸽子伏窝的塑像，造型别致，表明我国驯鸽的历史至少在2000年以上。

在我国古代人民生活中，家鸽作为肉禽的地位并不重要，仅是一种娱乐禽鸟以传奇故事散见于各类古籍。公元956年的《开元天宝遗事》记述，盛唐时宰相张九龄，少年时家中养鸽成群。每与亲友传递书信，均系于鸽足，飞往投之。九龄起名为"飞奴，时人无不爱讶"。"飞奴"是人们最早送给鸽子的爱称。宋代陶谷著《清异录》也说：京城养鸽的人给鸽起了绚丽多彩、别具特色的名字，有的叫"半天娇人"，有的叫"插羽佳人"。这些惟妙惟肖的名字比"飞奴"更传神入胜。

1127年，南宋高宗赵构偏安江南，不思发愤图强，报仇雪耻，每天放鸽自娱。在宫廷里养鸽达数万只，朝放暮收，翱翔天际。大学诸生怀着悲愤的心情赋诗讽刺苟安偷生的赵构："万鸽盘旋绕帝都，暮收朝放费功夫，何如养取南来雁，沙漠能传二圣书。"（李有《古杭杂记》）"二圣"指的是宋徽宗和宋钦宗被金人虏囚于沙漠，即所谓"靖康之耻"。宋高宗听闻后甚为惭愧，从此再不养鸽。

宋代诗人叶绍翁著《四朝见闻录》中，记载临安（今杭州）民间养鸽的情景："东南之俗，以养鹁鸽为乐，群数十百，望之如锦……既而寓金铃于尾，飞而扬空，风力振铃，铿如云间之珮。"南宋时还有一批人"调鹁鸽为业"，以高价售出。每逢秋高气爽之季，晴空碧云，群鸽环系天际，铃声响彻云霄，清音悦耳，回旋荡漾。这是古代南方沿海地区养鸽娱乐的盛况。

古代人把驯鸽供作丰富多彩的游艺活动。明代都印著《偃曝谈余》记

述:"北人以鹁鸽贮葫芦中,悬于柳上,弯弓射之。矢中葫芦,鸽辄飞出,以飞之高下为胜负。往往会于清明端午日,名曰射柳。"清代李调元著《南越笔记》记述广东佛山一带每年端午节举行的放鸽会,人们把哨子系在鸽的尾羽上,当万鸽翱翔空际时,发出悠扬悦耳的阵阵呼哨,以飞翔时间最久者为胜。清末富察敦崇著

信鸽

《燕京岁时记》记述京师的放鸽盛会:"凡放鸽之时,必以竹哨缀于尾上,谓之壶卢,又谓之哨子。壶卢有大小之分,哨子有三联、五联、十三星、十一眼、双筒、截口、众星捧月之别。盘旋之际,响彻云霄,五音皆备,真可以悦耳陶情。"这种宏伟壮观、别开生面的游乐场面足以使人如翔天际,心旷神怡。

鸬鹚是怎么驯化的

家养鸬鹚是由野生鸬鹚驯化而来的。我国长江以南很多地方的河川、湖泊和滨海均可发现野生鸬鹚的足迹。它们的形态和驯鸽几乎没有什么区别,因为野生鸬鹚很容易饲养驯化。据清人汪森著《粤西丛载》记述捕鸬之法:"村落有水草处,多以草结为鸬鹚之状,用灰涂之,百十为群,俛仰饮啄,顾盼张翼,无不绝肖。俟有回翔飞下者,弋取之。亦有立墙头屋脊者,骤视之,未有不以为真也。"渔民捕到野鸬鹚后,经过几天的豢养,再进行1~2个月的训练,就可以下水捕鱼了。

驯鸬的方法饶有兴味。把捕捉的野鸬鹚的脚用长绳系着,另一端拴在河岸的木桩或树干上,驱赶鸬鹚下水,待鸬鹚捉到鱼儿后,渔民发出尖细而有韵的呼叫声,顺手把鸬鹚扯到岸边并饲以小鱼,然后再驱之入水。渔民可以给每一只鸬鹚取一个名字,并让它熟悉主人的声音。经过多次呼唤建立条件反射后,鸬鹚即应名而至。经过几个月的训练,鸬鹚就熟悉了捕鱼的程序,并听从渔民的指挥。

捕捉野鸬鹚驯化捕鱼是古代渔民常用的方法,但也有采用取卵育雏的繁殖技艺。鸬鹚在人工饲养条件下,生活环境改变,虽然每次能产卵4~6枚,

47

鸬鹚帮助渔民捕鱼

但亲鸟已经失去孵卵习性。要繁育雏鸟,就必须请母鸡代劳。尽管鸬鹚形姿殊异,母鸡还是把它孵出并当作自己的亲子抚育。

鸬鹚捕鱼时,渔民给它颈部套上一个麻环,或者用莎草、藁草做环,使鸬鹚只能吞下小鱼,而把较大的鱼积存在喉囊中。据《尔雅翼》记述:"鸬鹚,临水居者多畜养之,以绳约其吭,缆通小鱼,其大鱼不可得下时,呼而取之,乃复遣去,指顾皆如人意……渔者养数十头,日得鱼可数十斤。"就是说,鸬鹚在喉囊里填满很多鱼时,渔民就呼唤鸬鹚回船,把喉囊里的鱼轻轻地挤出来。如果鸬鹚捉到大鱼难以吞咽时,渔民用长竿钩着缚在鸬鹚腿上的绳结,拖到船边用手擢鱼。有时还可以看到众多鸬鹚齐心协力捕捉大鱼的有趣情景:鸬鹚把企图逃窜的大鱼团团围着,你啄头,我啄尾,它拖鳍,群策群力,勇往直前,待渔民赶到共获胜利之品。

我国驯鸬捕鱼技艺在很早时期传入东南亚各国。由于这些国家海岸弯曲,河湖纵横,很适宜发展鸬鹚捕鱼。特别是有些国家的人民笃信佛教,禁忌杀生,驯鸬捕鱼则可以不必承担直接杀生的责任。所以这种捕鱼方法在东南亚一些国家颇为流行。据史料记述,1533年,西班牙传教士杰塞斯把鸬鹚从东

第二章 古代养殖趣话

南亚带至荷兰,并传授驯鸬捕鱼技艺。1625年,法国路易十三国王对鸬鹚捕鱼饶有兴味,特地以重金从荷兰购入鸬鹚,并在宫廷里辟建养鸬鹚的池塘。1600年前后英国詹姆斯一世晓谕渔民驯鸬捕鱼;在查理一世时,英国政府还设置了"鸬鹚官",专司民间驯鸬捕鱼事宜。

古代鹌鹑的养殖

自古便把鹌鹑当作珍贵的野味,如《礼记·内则》所指的"雉、兔、鹑、鴽。"鴽和鹑二字同义,音韵也很近。《诗经·魏风·伐檀》指出:"不狩不猎,胡瞻尔庭有悬鹑兮;彼君子兮,不素飧兮!"这首诗原是讽刺贪鄙无功之徒,拿别人捕获的猎物,挂在自家的庭上,备供肉食。以上都可说明,鹌鹑在很久以前已是一种猎物。晋代张华注《禽经》,根据

鹌鹑

《尔雅》解释道:"鴽雀也,鹑也,二鸟皆雄者足高,雌者足短。"而且还指出:"野义豢搏。"这表示在野生时彼此相安,豢养以后,则互相搏斗,也是由于所处环境的不同而改变其行为。

可见古人对这种野生禽类的行为习性和特征早有了认识。鹌鹑之所以能在古代受到重视,更因为雄性贪食好斗,于是约在唐代以后又成为另一种玩赏用禽,其普遍性并不亚于斗鸡。《山堂肆考·羽集》在《埤雅》论述的基础上,补充道:"河北人养之,以为斗戏。一说鹑其居易容,其欲易给,窥伏草间,尾秃秃,若衣之短结也。"其实,在宋朝以来,斗鹌鹑取乐,虽在黄河以南的某些地区已在流行。《尔雅翼》就有以下的记述:

"闻昔至道年中(997年前),秋间京师(今开封市)鬻鹑者积于市,枚值二钱,是秋雨水绝,无蛙声。人有得之于水次者,半为蛙,半为鹑。(中略)鹑性虽淳,然特好斗,今(宋)人以平底锦囊养之怀袖间,乐观其斗。"

鹑就是鹌鹑的简称,宋代《宣和画谱》即指出:艾宣"以画鹌鹑著名于

时"。《清异录》指出:"鹑之为性,闻同类之声则至,熟其性,必求鹑之善鸣者,诱致则无不获,自号引鹑。"

《聊斋志异》中有贩卖斗鹑的故事,说王成是个穷懒汉,原是官家的子孙,后得助买来一些鹌鹑谋生。看来这故事绝非虚构。

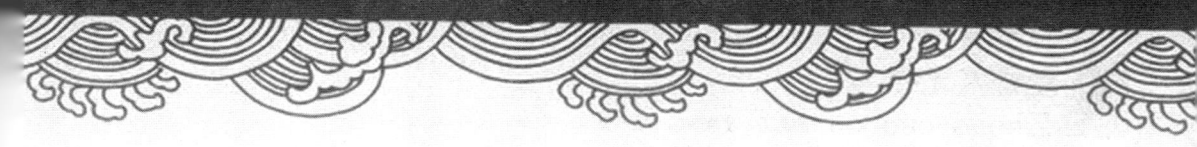

中国古代养猪业

　　猪,古名豕。"家"字是由"宀"和"豕"两部分组成,象征着人迹所至,处处有豕,无豕不成家。从人类社会基本构成单位"家"字的象形释义,足以看出养猪与人类生活关系的密切。

中国古代养殖
ZHONG GUO GU DAI YANG ZHI

第一节
养猪业的起源

畜牧业与猪的驯化

牧业的起源和种植业的起源一起,是人类历史上第一次产业革命。它们的出现,改变了人类的生活方式,使得先前人类生活单纯依靠大自然的被动局面发生了大的改观,人类可以通过自身的努力,改变不利于自己生存的环境。随后,人类进入了一个突飞猛进的发展阶段,以至今天高度发达的现代文明成为可能。作为畜牧业的一个主要部分,养猪业是在畜牧业起源的基础上产生的,大约产生于新石器时代初期,是畜牧业起源不可分割的一部分。

畜牧业的起源是人类社会发展到一定阶段的必然产物。自旧石器时代的元谋人开始,及以后的蓝田人、北京人,他们已经发明并使用了工具,用之于狩猎,这便是为畜牧的起源打基础。到了旧石器时代末期,人类的狩猎能力大为提高,主要表现在石球的使用和弓箭的发明。许家窑遗址中出土了大量的石球,而且这些石球与大量的被砸碎了的野马及羚羊的骨骼混在一起,从而可以断定这些石球是一种狩猎的工具。山西的丁村遗址中,也有许多的石球出土。民族学的研究表明,石球可以通过制造绊兽索和飞石索的方式,用于狩猎。此外弓箭发明以后,也可以猎取大型的动物。陕西的沙苑遗址和东北

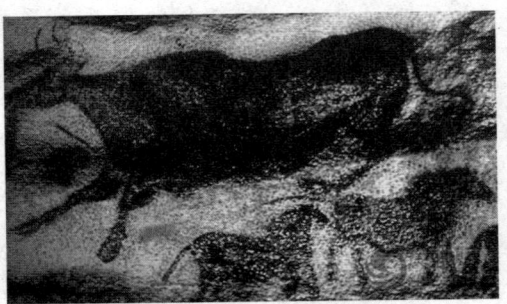

原始社会畜牧业壁画

第三章 中国古代养猪业

的扎赉诺尔遗址中出土了石箭头，山西的峙峪遗址出土了箭镞，年代大约距今2.8万年前。所有这些表明，距今大约1万多年前的旧石器时代，古代的人们已经具备了较强的捕获野生动物的能力。从而也就具备了驯化动物的前提条件，即能够拘系动物，当然何时产生畜牧驯养，还不能确定。随着晚更新世冰期来临，严寒的气候，导致食物的缺乏，促成了畜牧业，也即动物驯化的产生。虽然在理论上可以认为，地球上所有的地区都将独立地产生驯化，但是事实并非如此，只是在局部地区诞生了畜牧业，这是因为只有在那些率先具备了产生驯化的各种内因和外因条件的地区，才能孕育种植和驯化行为。

距今大约7万年前，地史上第四纪晚更新世冰期来临，由于温度下降，植被变化，浆果类植物减少，从前的采集生活和狩猎便变得极其艰难，原始人类主要为生的野生植物减少了，以前那种很容易猎获的野生动物也不常见了。这一变化促使人类为了生存想尽办法：

（1）寻找新的食物来源。气温大幅下降，直接造成浆果类植物减少，但同时促成禾本科类植物大量发育，禾谷类种子便成为人类的主要采集对象。这样促使人们对草本禾谷类植物的认识加强。

（2）贮藏食物以备食物匮乏的季节食用。将一时吃不完的幼小动物圈养起来，以等到更需要食物的时候再食用。因为温度下降太大，原来那种四季食物采集无甚差别的状况，有了截然不同的变化，即采集出现淡季和旺季之分，这就要求人们在旺季采集足够多的食物以备淡季食用，这就是意味着要贮藏。有了贮藏，人类便在利用自然的基础上迈开了一大步。那些没有贮藏足够食物的人们可能就因为熬不过冬天而死去，而那些贮藏有足够食物的人便能够活下去。将一时吃不完的小动物拘系喂养起来类似于贮藏食物的行为，这将大大加强了人类对动物特征和特性的了解。在人类和动物的漫长的交往过程中，当人类需要与动物建立良好关系的时候，往往是人类需要动物的时候，而气温大幅下降的更新世冰期，人类对动物给予额外的保护，成为其供食者和保护者，经过长期的人与动物的交往过程，动物便习惯人类所提供的相对舒适、现成的生活环境，而逐渐淡忘野外的相对恶劣的生活环境，久而久之，人与动物的这种新型关系便建立起来。一方面，人是动物的保护者和部分食物提供者；另一方面，动物是人类的活动的食库，随时都有可能被宰杀而作为食物，相互之间的依赖显得缺一不可，动物进入人类的家庭之中，便是必然的事情了。

畜牧业起源的内因有二：其一，在旧石器时代后期，人们的狩猎能力已

野猪

经大幅提高，具备了拘系大多数草食和杂食野生动物的能力；其二，野生动物中的某些动物，作为地球生物圈中的一员，客观地具备了与人类友好相处的条件即被驯化的内因。畜牧业起源的外因是：自然环境条件发生了巨大的改变，促成了人类不得不从猎取向驯化转变。

猪作为家养动物中的一员，除了上述的原因之外，还可能有其特殊的原因。专家认为，猪的食物主要是植物的块根、禾本科植物的种子等，而从事采集的民族最早的采集对象和猪的觅食对象相同，从事农耕的民族最早的种植对象可能也就是这些植物，这就形成了野生猪与人类争食物来源的局面。此外，当人类最初从事种植时，种植对象就是一些块根类植物和禾本科植物，而生长在野外的猪在觅食的过程中，很容易破坏了当时人们种植的植物。《淮南子·本经训》曰："猰貐、凿齿、九婴、大风、封豨、修蛇，皆为民害。"其中的封豨，就是大野猪，经常出来危害农作物。在这种情况下，人们为了解决这一问题，寻求对付野猪破坏的方法，那就是采取拘禁一些幼小的猪的方式，或者将成长中的野生猪捕获，放置于围栏中，给它们一些人类一时吃不了，或者说不愿意吃的比较粗糙的食物，以便日后需要的时候再宰杀食用。长期以后，被拘禁的猪的习性发生了变化。也许当时的人们通过阉割野生公猪的方式，使野生的猪脾气发生改变，性格变得温顺，以便人类能够与猪作无障碍式接触，而不出现伤害事件，能够和睦相处，于是猪成为完全被驯化的动物，成为家畜中的一员。

家猪的驯化考证

猪是原始社会中与人类关系较为密切的动物。首先，猪是杂食动物，对食物品质的要求不高，人类饲养它们以后，可以调整不同的方式以满足猪对食物的要求。其次，猪不是经常迁移住所的动物，居住范围不大，这与习惯于定居生活的人类特别是从事农耕的民族的生活相适应，因此从事农耕的定

第三章 中国古代养猪业

居民族多半都饲养猪。

猪在动物分类学上属于哺乳纲，偶蹄目，猪科，猪种。家猪和现在的野猪有着共同的祖先，家猪是由原生的野猪驯化而来的，因为直到今天，在野猪出没的地区，常有野猪和家猪混群自行交配，并产生正常后代。野生猪的生活区域十分广泛，从新几内亚及亚欧大陆的太平洋沿岸向西，经欧洲、北非至大西洋沿岸。由于猪的野生种分布十分广，地方性的野生猪和驯化猪又很相似，所以很难确定起源区，也很难认为驯化的猪起源于某一个地区。对欧洲人来说，由于驯化猪的出现相当突然，而且是和其他驯化动物一起出现的。因此有人认为驯化猪肯定不会首先出现在欧洲，而是在今天的两河流域。他们认为，东亚的渭河流域及黄河流域，即中国文明的起源中心，大概既不是驯化起源地，也不是独立的驯化中心。那里的许多早期遗址内部发现了驯化猪，但是它们的骨骼特征都不像是中国的野生种，即中国的驯化猪是从别处引进而来的。在西方人没有更多地关注中国的考古发现之前，认为中国猪是从别处引进而来似乎是顺理成章的，因为世界上发现最早的驯化猪是在距今约9000年的土耳其的安纳托尼亚东南部的卡永遗址，如此一来，结论就是其他地区的驯化猪都是从此地传入的。对此，在中国的广西桂林甑皮岩遗址和河北的徐水南庄头遗址没有被发现之前，都是可以理解的。但是，当中国的广西桂林甑皮岩遗址，以及河北的徐水南庄头遗址，都发现了距今9000年以上的可能是被驯化的猪的骨骼后，有关中国的家猪是由别的地区传入而来的结论就显得为时尚早和值得商榷了。根据近些年来许多新石器时代遗址大量的猪的骨骼出土的事实，可以初步地认为，中国是最早的家猪的可能起源地之一。

动物的驯化历史开始于距今1万年左右的全新世，但是要想从考古发现的角度证实这一结论是相当困难的，因为驯化发生之初，拘系或囚禁野兽并不能马上使这些动物的体质特征产生变化，而要使之在形态特征上有所改变，这个过程需要很长时间。不过科学家们找到了一种间接的鉴别方法，这就是对某一遗址的动物的死亡年龄进行分析，

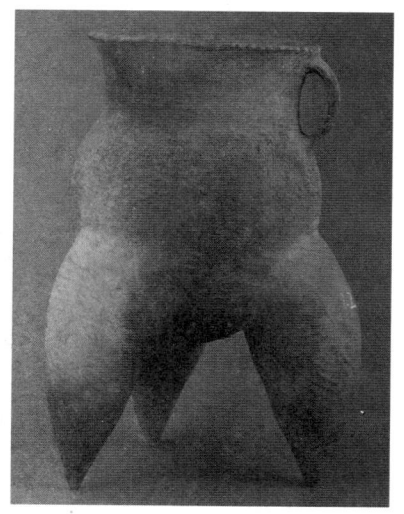

单耳夹砂陶鬲

如果某一遗址的动物遗存的年龄组合中，幼年个体的比例占多数的话，对于猪来说即 1 岁以下的个体，则表明该动物群的生活是有人类干预过的，不大可能是狩猎打死的，应是经过人类圈养后宰杀所造成。这一方法最早被运用于新石器时代遗址中出土的猪骨是否是被驯化这一问题之中。

前不久，河北徐水南庄头遗址发现了一种早于裴李岗、磁山文化的新石器遗址，新石器文化层位于地表层下厚达 2 米左右的黑色和灰色的湖相沉积层下面，出土了大量的兽骨、禽骨、螺蚌壳、植物茎叶、种子和少量的夹砂陶、石片、石磨盘、石磨棒，其中猪狗可能为家畜。

猪是新石器时代遗址动物中最常见的动物，出土的数量比其他任何家畜的都多。从出土文化所反映的新石器时代的畜牧业来看，唱主角的是养猪业。甘青地区的齐家文化和中原地区的大汶口文化遗址中，有大量猪的骨骼出土，特别是在墓葬中出现，表明猪已经被作为当时可以炫耀的财富，带有明显的文化色彩，并成为经济生活中的重要组成部分。

第二节
古代各时期的养猪业

夏商周时期的养猪业

新石器时代，猪已经被广泛地养殖，并作为财富的象征，这一趋势在夏、商、西周时期，依然延续并继续发展。夏商周时期，是中国历史衔接新石器时代和秦汉的重要时期，持续时间大约 2000 年，但是由于文字记载的缺乏，今天的人们很难清楚地了解当时养殖业的情况，一些考古发现也不可能系统地展示养猪业的基本情况。我们在这里只能利用一些有限的文字和考古发现来重现当时的养猪业的历史片段。

第三章 中国古代养猪业

关于夏代的养猪业，由于相应文字记载极少，我们无法知道当时非常具体的养猪业情况，不过和新石器时代一样，从有关的考古发现中，可以部分地了解当时养猪业的某些概况。

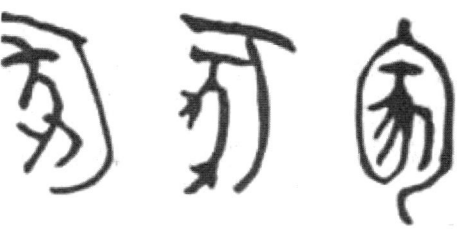

甲骨文中表示猪的"豕"

在夏朝，据《历代职官考》（卷三）称当时有一个"牧正"的官职，任此职的官员的工作可能涉及畜牧乃至养猪等事宜。考古工作者发现了一系列的夏代的猪骨骼，从表中可以知道，夏代出土的猪骨骼既不能与此前的新石器时代的相比，也不能与后来的商代的相比，这可能与考古发现的局限性有关，并不表示夏代的养猪业发展突然停顿下来。

商周时期，甲骨文中已经出现了"豕"（见《铁云藏龟》补遗）字，这可能是关于猪最早的文字记载。《历代职官考》（卷三）认为，商朝和夏代一样，也设有"牧正"的官职，这个职位是用于管理养猪的，可见当时养猪已经被提到非常高的位置，养猪主要目的是给宫廷提供肉食。

商代农家饲养猪的情况，目前还没有直接的史料可供了解。商代的宫廷养猪情况，由于某些文字记载，我们可以知其一二。商代王朝宫廷的养猪业的发展不受农业是否发达等因素的影响，对当时的商王来说，有足够的能力来饲养猪用于提供肉食，以满足其奢侈的生活，所以才会有"酒池肉林"一词出现。在奴隶主贵族的祭祀中，猪在其中所占的比例和新石器时代一样也是很高的。可能是因为"以多为贵"来表示祭祀时的虔诚程度的缘故，大凡成组的祭牲活动，一般都会用猪。商代往往是马、牛、羊、猪，或者牛、羊、犬、猪和羊、犬、猪成组地互相搭配。周代的"太牢"用牛、羊、豕三种家畜，"少牢"则用羊、豕两种家畜。两者都有猪在其中担当主要角色。至春秋时期，一般低级的贵族和士阶层，往往以"特豕""特豚"来祭祀，猪的使用相当普遍。

关于商代的猪品种特征，也没有相关的记载，所以目前很难了解当时猪的体形。不过从出土的文物中，我

陶猪

们可以间接了解一些情况。其中出土于湖南湘潭的一个猪尊,是一个难得的间接证据,可以大致地了解一下当时养猪方面的某些情况。

1981年初,湖南湘潭市船形山出土了一件商代晚期的豕尊,这件青铜的豕体形巨大厚重,长72厘米,高40厘米,重大约40公斤。猪形塑造得十分逼真,通体布雷纹、兽面纹、

云南祥云大波那出土的战国时期的铜猪

鳞甲纹等,刻镂深沉,线条刚劲洗练,既是一件精美的祭器,又是一件优美的雕塑艺术品。据何介均研究认为,这只豕尊所表现的是一只雄性野猪种。其依据是:"猪两眼圆睁,平视,两耳招风,长湖南湘潭出土的商代晚期的豕尊嘴上翘,微张,犬齿尖长。背上鬃毛竖起。四肢刚健,臀、腹部滚圆。"并指出其"活灵活现地塑造了一个膘肥体壮、孔武有力的野公猪形象。"但是刘敦愿则认为,从这件豕尊中体现出来的信息,有更多的可能塑造的是家猪的形象。他的理由如下:"第一,野猪为了生存的需要,神经系统、头脚和前驱必须特别发达,因此野猪的前驱比较大,中驱的体幅较狭窄,后驱较瘦削,鬃甲明显地高于臀部。然而这件豕尊,背部平直,中驱较宽圆,后驱较丰满,正是家猪的体貌和结构的特征,最有价值的肉品部分的所在。第二,由于上述原因,野猪的头部较长,头和体长的比例是1∶3,有时甚至要超过此比例。然而这件豕尊的猪头长度并不及其体长的1/3。第三,野猪的头脸强大伸直,嘴部尖细,头部整个像圆锥体,这是由于经常掘食地下植物和进行抵御外敌侵犯所致。而这件豕尊的脸略有弯曲,而且嘴筒粗短,这些都是家猪的征象。"因此他认为,从这件豕尊中,我们可以看到一个老年的雄性公猪的形象。

除了上述商代的猪尊外,考古工作者还在黑龙江牡丹江市莺歌岭,发现了商代的陶猪13件,从中也可以间接推断出当时家猪的大致形象。

从这些陶猪中,我们可以间接地知道当时猪的形象和野生的猪差别并不大。

商朝被周朝取而代之,中国历史进入西周时期。周人的祖先后稷原来生活在今天的陕西一带,几乎在商朝建国的同时,后稷就在今天关中一带从事农业生产。周人在克商之前,社会经济与文化的发展程度虽然不及商人,但

是农业经济已经占优势。而一般来说，养猪事业的兴起和发展，与农业生产的发展有着密切的联系，农业发达往往意味着养猪事业要发达一些。所以由于周人农业相对商人来说要发达一些，自然为养猪业的发展提供了有利的条件，养猪的家庭自然会多起来。周代关于养猪的记载也逐渐多起来。

秦汉时期的养猪业

秦汉时期，中央政府设立了专门的畜牧机构，秦王朝在京师设有专门为皇家管理仓库和牲畜的"廪牲丞"，可见当时对牲畜的饲养是很重视的。当然这并不意味着是为了养猪而设立的，而可能是为了马一类家畜的养殖而设立的。因为猪的养殖不像马那样，涉及国家军事上的需要，而受到政府的重视。也不会像牛一样，因为牛被用于耕地，能够作为动力开垦土地，从事比较繁重的体力活，受到保护和重视，历代有相当多的禁止宰杀耕牛的法令。所以这个时期养猪业的发展不会受官方重视。这一时期，民间百姓以家庭养猪为主，规模多不大，但还是比较普遍的。《论衡·定贤》有"彭蠡之滨，以鱼食犬豕"的记载。《史记·始皇本记》说：秦始皇巡游到会稽，立碑为自己歌功颂德，碑文中有"夫为寄豭，杀之勿赦"的禁令。原意是禁止男女私通，谁要是触犯了就要被处以杀头罪。"寄豭"就是乱配的公猪，因为养猪的人多了，某一家的公猪跑到邻居家与母猪交配是随处可见的。用这个词汇来作比喻，自然人们一看就懂。由此可以推知，当时的民间养猪已经相当普遍。

那么到底秦王朝年均饲养了多少头猪呢？能不能得到一个稍微准确的答案？我们知道，判断一个朝代的养猪数量，必须首先了解当时的人口数量。秦朝是一个短暂的王朝，其人口数量也存在不确定的因素，因此我们很难得到准确的答案。不过我们可以做出一个大致的推算。要推算出当时的养猪数量，必须先推测出当时的人口数量。据《中国人口通史》一书估计，秦朝人口应该在2000万左右，按一个家庭5人计算，当时秦朝大约有400万个小家庭。又根据一个家庭每年养猪2头来计算，秦王朝养猪的数量应该是大约年存栏800万头，这个数字已经相当可观。

汉承秦制，在京师仍然设有"廪牲丞"，管理仓库和牲畜的有关事务。这种职务是否与养猪与关，不得而知。我们只能推测该官职涉及皇帝的食物供给，势必有关于猪肉供给方面的事务，所以管理养猪也应该是该官员的职责范围。在有关汉代历史的史料中，与养猪有关的记载较多，因此我们可以比

秦王朝要更进一步地了解当时的养猪方面的情况。

同样，汉代到底年饲养了多少头猪？即年均存栏数量是多少？依照前面对秦王朝养猪情况的推测，试作如下分析。汉代人口由于时间跨度较大，社会经济状况差别较大，没有统一的数据。据研究，由于战乱，汉初大量的人口死于战争，西汉之初大约只有1400万人。后来，由于汉代社会实行无为而治的政治策略，采取与民休息的政策，社会比秦王朝要稳定许多，人民安居乐业，生产与生活都得到发展，人口规模也稳步增长。到了汉文帝末年，即公元前157年，大约人口在2500万人；汉景帝末年则可能超过了3000万人；汉武帝时人口则超过了3500万人；到了汉宣帝时，人口则可能达到了高峰，约5000万人。依据这些人口数据，如果我们按1个家庭5口人来计算，大约上述不同时期分别是280万户、500万户、700万户和1000万户，据此可以推测出当时全国年饲养猪的数量。汉代是一个特别重视农业生产的朝代，对农家的饲养业也很重视，《汉书·黄霸传》记载："时上垂意于治，数下恩泽诏书，吏不奉宣。太守霸为选择良吏，分部宣布诏令，令民咸知上意。使邮亭乡官皆畜鸡豚，以赡鳏寡贫穷者。"从中可知，当时的官吏非常重视让老百姓养猪，因此一般家庭都相应饲养相应的猪。我们大致可以推测出1个家庭1年饲养2头猪，即按秦朝的水平，则汉代不同时期的人口数量，分别对应的

河北沙河兴固汉墓陶猪圈

养猪数量为年存栏560万头、1000万头、1400万头和2000万头。如果按一个家庭比秦朝水平要高一点的话，例如3头，则相应数量应该是740万头、1500万头、2100万头和3000万头。如果事实的确如此，与养猪相关的产业效益应该十分可观，例如屠宰业。

以上是有关汉代养猪数量的推测。在有关汉代历史的史籍中，与猪有关的其他方面的记载较多，我们可以从中更加全面地了解当时的养猪状况。

隋唐时期的养猪业

隋朝的统一，结束了大动荡岁月，人民生活稍有改善，人口也有较大的增长。但是在隋炀帝时期，由于滥用民力，加之横征暴敛，酿成了又一次农民起义，天下大乱，经济又遭重创。公元681年，江山易姓，李渊取而代之，建立唐朝。唐代经济也得到大的发展，特别是南方稻作区域，随着南北朝以来人口迁入，水利设施的配套，农具的进步如曲辕犁的发明，气候因素的配合，促成了南方水稻生产的进步，国家赋税转而依靠江南，经济重心也由黄河流域向长江一带转移。但是自"安史之乱"以后，藩镇割据，战乱不息，人民生灵涂炭，经济遭到巨大的破坏，最后出现中国历史上又一次的大分裂局面，史称为"五代十国"时期。

隋唐经济发展源于南北朝时期北方战乱。那时，随着北方战争的加剧，黄河流域的经济出现衰退，人口锐减，大批人口向江南一带移民，因此对当地经济发展，特别是种植业的发展起了强烈的助推作用。北方人口南迁始于东汉末年，由于当时江南一带相对安宁，所以大量人口到此避乱。《吴书·全琮传》曰："是时中州又避乱而南，依琮居者以百数，琮倾家给济，与共有无。"建安十八年（213年），北方农民迁往江南一带达10万户。曹魏正定二年（255年），寿春城内大量人口迁徙，许多人迁入江南一带。不过汉代至三国之际的人口南迁，一方面迁徙人口数量不是太多，另一方面，江南也曾卷入战火中，所以总的来说，这时的人口迁徙对江南的农业开发作用不是很明显。

唐代经济文化相当发达，自然带动养猪业的发展。和前代一样，那个时代一般家庭都会养猪。《唐语林》卷三记载当时卢晋公裴度，不信术数，不好服食，每与人曰："鸡猪鱼蒜，逢着则吃，生老病死，时至则行。"对鸡猪鱼蒜类不挑剔，对生老死病不在意，说明当时吃猪肉相当平常。当然裴度非普

通百姓，平民百姓无法可比。唐陆龟蒙《纪事诗》云："去年十二月，身在雪溪上，病里贺丰登，鸡豚聊馈饷。"陆龟蒙家居太湖，是一个中小地主，非普通的平民百姓，该诗可以表明鸡猪肉为他的日常食品，显然周围养猪应该十分普遍。当时还出现了养猪大户，如《法苑珠林》记载："唐贞观、永徽间，盩厔雩县界有果毅，每客来，恒买豚设馔，卫士家生十豚，总买尽。"说的是某军府好客的果毅，来客就以猪肉相待，以至将某卫士家的十头猪都买完了。这个养有 10 多头猪的卫士家就应该是一个养猪大户。此外，《集异记》记载说："李汾秀才者，越州上虞人也。性好幽寂，常居四明山。山下有张老庄，其家富，多养猪。"多养猪说明其不像普通农家一样仅养一至两头猪。

唐代不仅有养猪的大户，和隋朝一样，文献记载市场上也有专门宰杀猪的行业。五代孙光宪《北梦琐言》记载："唐路侍中岩……尝过鬻豚之肆，见侩豚者谓屠者目：'此豚端正，路侍中不如。'"这里记载的是路岩在镇守成都时，路过专门卖猪肉的肉铺，还有专门的屠者。说明在唐代的成都，已经出现了专门卖猪肉的商家和专门屠猪的屠夫了。

宋元时期的养猪业

两宋时期，在技术改进与租佃制的推动下，农业生产获得显著发展，人口大幅增长，经济的繁荣也超过了历史上的任何一个朝代。宋代太湖平原的农业劳动生产率，已达到 20 世纪末比较发达的国家和地区才达到的水平。根据漆侠的估数计算，在两宋时期中，江南亩产量增加了 116% 或 120%，南宋时期内增加了 86%，而在唐宋时期则增加了 1～2 倍。正是由于宋代亩产量的大幅提高，所以漆侠认为南宋太湖平原的农民的劳动生产率比唐代提高了两三倍。尽管李伯重不同意宋代江南一带粮食产量如此之高，但还是承认江南农业在宋代确实出现了一些重要变化。其中最重要的是空间的变化，即农业生产重心从与江南平原毗邻的宁镇丘陵和浙西山地的"高田地带"向江南平原的"低田地带"的转移。这个转移并不意味着"低田地带"的农业技术与亩产量在宋代发生了剧变。相反，这个地带农业的更大发展，是在农业重心的转移已完成之后的明清时代。但是我们还是可以认为，宋代农业产量提高，原因是古城稻的传入，稻麦二熟制度的推广，导致粮食产量增加，而这些因素的作用势必导致农家养猪规模的扩大。

宋代是历史上养猪记载较多的朝代，无论是关于养猪文献记载的数量，

第三章　中国古代养猪业

还是养猪的规模，都与其经济发展水平相符。通过这些记载，我们能够比此前历史时期了解更多的其养猪业的发展概况。

南北宋疆域不同，但是由于文献记载和经济发展水平的关系，两个时期养猪业所展现的养猪概况完全不同。原因之一是文献所记的南宋时期资料远远多于北宋，原因之二是由于南宋主要偏安于江南，江南地区水稻生产产量较高，大大有利于养猪的发展，所以猪的养殖自然比前朝要显得更加兴盛。

北宋时期河南府永宁县（今河南洛宁）一屠家，"豢猪数十头"，自养自卖，可视为养猪专业户，亦是今天人们所说的养殖产业化经营之举。由于养猪业的快速发展，政府规定养猪也要征收杂税。苏辙贬谪筠州（今江西高安）时，"昼则坐市区鬻盐、沽酒、税豚鱼，与市人争寻尺以自效"。京西路河阳县（今河南孟州）养猪不仅多，而且所产猪肉质好，远近闻名，苏轼在陕西为官时，"闻河阳猪肉至美，使人往致之"。即不远数百里派人往河阳买小猪饲养。

养猪普遍还可以从当时的价格便宜上间接了解到。淳化年间京畿百姓牟晖丢失了一头猪，朝廷赔偿其1000文钱。宋代一匹马的价格在25～50贯，那么一匹马可以买25～50头猪，这说明猪比较便宜。有文献记载诗人苏东坡"性喜嗜猪，在黄冈时，尝戏作食猪肉诗，云：'黄州好猪肉，价贱如粪土。富者不肯吃，贫者不解煮。慢著火，少著水，火候足时他自美。每日起来打一碗，饱得自家君莫管'，此是东坡以文滑稽耳"。说的是黄州一带猪肉极其便宜。

到了南宋，记载养猪情况的文献明显增多，这也帮助我们对当时的养猪业有一个全面的了解。先看看消费情况，就可以知养殖的盛况。南宋临安府钱塘（今浙江杭州）人吴自牧《梦粱录》"肉铺"记载过南宋都城临安每日宰猪的情况："坝北修义坊，名曰肉市，巷内两街，皆是屠宰之家，每日不下宰数百口。"这样大的屠宰量，必然是以更大的存栏量为基础的，此时各地纷纷运送活猪至临安的景象也应该十分壮观。从书的描述可以看出，当时南宋临安猪只屠宰的"肉市"和零售的"肉铺"生意都很兴隆。"杭城内外，肉铺不知其几""每日各铺悬挂成边猪，不下十余边，如冬年两节，各铺日卖数十边"。对猪肉已经依据各个不同部位和肥瘦区分售卖。而且不到中午，肉、骨均可卖完。书中称："至饭前，所挂之肉、骨已尽矣。盖人烟稠密，食之者众故也。"临安即今之杭州，宋词中称当时人口已经有几十万人，食肉量大应该可以理解。

当然，城市之中食肉可能较平常，而在乡村中则未必，一般老百姓食肉情况不得而知，南宋陆游游山西村诗曰："莫笑农家腊酒浑，丰年留客足鸡豚。山重水复疑无路，柳暗花明又一村。箫鼓追随春社近，衣冠简朴古风存。从今若许闲乘月，拄杖无时夜叩门。"其中说到丰年留客足鸡豚，应该是杀鸡买猪肉。一般说来，丰年留客，多备美食，对农耕民族来说，肉食自然是最好的待客之物，至于平民日常是否能够足鸡豚，显然要大打折扣，不能乐观。

明清时期的养猪业

明清时期的养猪业和前代相比，从某种意义上讲，进入了一个相对繁荣发达时期，主要表现在养猪科技方面。与此同时，相对于前代，明清时期农书数量大增，其中关于养猪的内容则明显增多。

养殖业在这一时期受到影响，但是养猪业却并没有受很大的影响，这与以养猪为主的养殖业和种植业的关系更加紧密结合有关。这一新局面的出现，与当时的政治经济等因素有深刻的关系，并对明清以后养猪业的发展产生了较大的影响。

明清时期，由于社会经济方面发生了明显的变化，导致了养殖业中各类家畜在局部地区的地位发生变化。由于人口众多，人均占有的土地日益减少，地价较高，大土地所有者自身不会将土地变成牧场，也不可能靠养牛、羊和出售牛羊肉以换取较高的利润，而是以较高的价格租给无地的农民，所以地多者会将土地出租，以换取较高额的、并且是没有风险的租金；地少者自然种植高产作物，以养活更多的人口，降低生活质量的惯性延续在此时显得更加明显，人们更多地食用粮食作物而不是高品质的动物蛋白。在以一种单一种植业为主的农耕生活方式的社会里，社会的发展是不可能逆转到选择一种部分土地休闲、部分土地用于放牧的生活方式的。不仅马的养殖受到限制，就连与大田作物关系密切的牛的养殖也受到限制。

江南的某些地区，由于"寸土无闲"，无处放牛，于是放弃了养牛，原来由耕牛作动力改由人拉着铁犁来犁地。明代宋应星算过这样的一笔账："愚见贫农之家，会计牛值与水草之资，窃盗死病之变，不若人力亦便。假如有牛者，供办十亩，无牛用锄，而勤者半之。既已无牛，则秋获之后，田中无复刍牧之患。而菽、麦、麻、蔬诸种，纷纷可种。以再获偿半荒之亩，似亦相

第三章 中国古代养猪业

当也。"宋应星在这里对不养牛的情况进行了分析，认为牛力完全可以由人力替代，因为牛吃和占用的一部分转而由饲养时的付出变成了正的收入了，一里一外，十分合算。如果是这样，那社会就不可能有进步，效率在这里变得一点价值没有。

但是猪是一个特殊的家畜，它可以舍饲，并且能够吃人不能吃的农副产品，人们总会有残羹剩菜，且养猪可以提供大田所需要的肥料。所以在畜牧业比重下降的时候，猪并没有被放弃饲养。

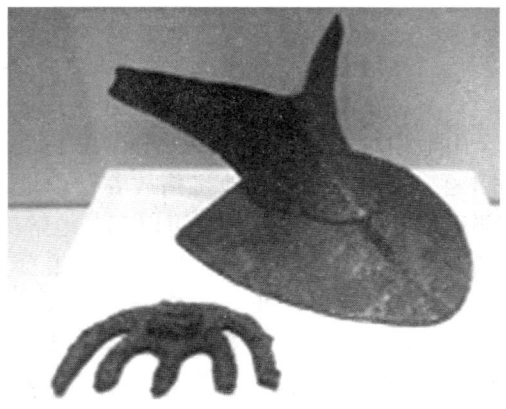

古代农具——铁犁

没有土地可供放牧，但是这并不妨碍其他形式的养殖业的发展，那就是既利用农业的副产品，又为大田种植服务的小家畜饲养业的发展。农区的小家畜和家禽饲养，如养猪和养鸡的发展，其技术有了明显的进步，但是其规模是不可能扩大的。农区已无荒闲之地可以用于放牧，于是开始大力发展舍饲。

发展舍饲，饲养小家畜、家禽，已成了明清时期农区发展畜牧业的一个重要方式。养猪可以舍饲，所以优势明显，不会在稠密的乡村导致邻里纠纷。

农区发展舍饲，正如《合肥县志》其一利所言，还和积肥有关，目的是要以牲畜的粪便作肥料来促进农业生产的发展。也就是说，当时养猪，是为了保证最低生活水平的维持，即为了大田作物的种植，因为大田的作物能够养更多的人口。《补农书》中记载有当时的维持最低的生活水平的比较粗糙的食物的价格，和猪肉等的价格差不多，说明肉食的高品质优点，没有在价格上体现出来。这说明只有生活资料匮乏，才会出现肉不贵或者说贵不了多少的局面。因为当农民面对同一价格的食物，以能够吃多少天为追求时，一斤肉肯定比不上一斤大米，即大米更加能够填饱肚子，而肉虽然好吃，但是只能是在极其有限的时间吃得到。所以，肉尽管可口，但并不"实惠"，也就是说并不耐饿。犹如在极度饥荒的时候，一斤米可能等同一斤金子的价格，金子再贵重，但在特定的时期不能够救命。所以有时农民会卖掉细粮，换来粗

粮，因为粗粮能够更加有效地填饱饥肠，养活更多的人口。

当养猪能够和种田产生正面的协同推动关系时，于是就被大力提倡。

不过在山区，养猪的情况则与平原地区有所区别，由于除耕地以外的空余山地相对来说要多一些，不存在平原地区那种没有足够的空间让猪散放的问题，人们可以放心地将猪放养于山地，不太担心会损害别人的庄稼，引起邻里纠纷。这种散养方式可以部分地解决饲料供给问题。有一些富有的家庭，自身粮食消费有结余，这些多余的粮食又不便于运出山外。一般说来，十里不贩薪，百里不贩粮，源于运输成本太高。于是就以养猪的方式将多余的粮食变成可以供出售的财富。如陕西汉中一带，"山民馓粥之外，盐布零星杂用，不能不借资商贾。负粮贸易，道路辽远。故喂畜猪只，多者至数十头。或生驱出山，或腌肉作脯，转卖以资日用"。同样的情况发生在四川城口县，当地"地多险峻，稻不过十分之一，全赖锄挖山坡，遍种杂粮，以资衣食。但津河不通，粮食无从运销，惟以包谷饲猪，变易盐茶布匹"。

在南方，太湖流域的养猪非常普遍，明末《沈氏农书》对养猪的利息计算极为精详，是对当地饲养业的具体反映。《沈氏农书》并云："近时粪价贵，人工贵，载取费力，偷窃弊多，不能全靠租窖，则养猪羊尤为简便。"更进一步说明猪羊养殖对于农家种植作物的重要。

在明清时期，大多数情况下养猪、养羊是亏本的，但是农户知道亏本也还是要养猪，可以说是不计成本，因为人口增长的同时，并没有伴随生存空间的增长，社会上没有太多的其他方面的就业渠道，维持生计是当时人们的第一要务，而非生产效率。在种植大田作物之余，必须坚持饲养，至少可以积肥以壅田。

清代的养猪资料相对明朝要多一些，但多见于笔记和方志中，所以从中我们能够略知清代的某些地区的养猪大概。各地均有养猪的记载，就连本来不曾养猪的新疆，在清朝后期，也开始饲养猪了。

在清代，湖南某些农村地区常常用米谷来喂养鸡、鸭和猪。当时湖南人的日常生活中，肉的食用已比较多，以致常常被批评为奢侈，尤其是米谷不足或经济情况恶化的时候。

在中国历史上，家畜应该吃什么样的饲料一直没有明确的说明，不过底线显然是不能比人吃得好，即使是事关军国大事的马，也不能与人相提并论，早在西汉时期，就有所谓"肥马瘦人"之讥，而唐代白居易"采地黄者"一诗，讽刺了以粟喂马的做法。在人的粮食问题得不到解决的前提下，以粮食

66

喂马的做法在道义上是行不通的，而猪更是不能吃人吃的粮食。如有此事发生，一定就是大逆不道，会受到人们的指责。

第三节 中国古代养猪技术

 古代猪的品种

1. 我国古代猪的品种

我国历史上关于猪品种的记载相当有限，已有的记载只是有关猪的某些部分特征，与现今猪品种的概念有很大的差别。不过，从这些记载中我们可以大致知道一些历史时期猪品种的一些较模糊的线索。关于猪的品种，汉代《尔雅·释兽》一书中有关于猪名称的解释，是迄今为止关于猪特征的最早的记载。《尔雅·释兽》记载："豕，奏者豱。"晋郭璞注曰："今豱猪短头，皮理腠蹙。"这里提到当时皮肤皱褶比较多的一种猪，名为"豱"。《尔雅·释兽》还记有"豕，四蹄皆白"，这里提到的是一种白蹄猪，其名字由其颜色来定。《尔雅·释兽》又曰："豕，绝有力，豵。"郭璞原注曰："即豕高五尺者。"清邵晋涵曰："今养猪有高大者，刚突尤甚，其名为豵。"郭象注曰："《尸子》曰，大豕为豵，五尺也。今渔阳呼大猪为豵。"很显然，豵是指一种体形比较大的猪。三国魏张揖所撰《广雅·释兽》曰："顿丘、梁豵、重卢。"《广雅疏证》曰："（顿丘），此盖顿丘之良豕也，即以顿丘为名，其详则未闻也。"即顿丘地区有一个名叫"顿丘"的优良猪品种。《广雅疏证》又曰："《玉篇》曰：（梁豵），良猪也。《广韵》豵，梁之良豕也。"即梁地有一

个较优良的猪品种。梁州一名,历史上多次出现,辖地几经变化,初为古九州之一,辖地在今天的陕西汉中及四川省,后来多次异地,至五代置于今天的陕西省南郑县一带。《广韵》为宋人所撰,那么最有可能指的是最后为五代所置的地区,在今天的陕西省南郑县一带。

汉扬雄《方言》中说:"猪,北燕、朝鲜之间者谓之豭;关东、西谓之彘,或谓之豕;南楚谓之猪子。"可见当时全国猪的名称不同,不同名称是否意味着不同的品种特征呢?显然不能轻易地否定。《后汉书·朱浮传》说:"往时辽东有豕,生子,白头,异而献之。行至河东,见群豕皆白,怀惭而退。"可见当时辽东产花猪。而河东,即现在的山西临汾以南到黄河以北则盛产白猪。

明代李时珍的《本草纲目》卷五十上兽部豕条曰:"猪,天下畜之,而各有不同。生青、兖、徐、淮者耳大,生燕、冀者皮厚,生梁、雍者足短;生辽东者头白,生豫州者嘴短,生江南者耳小,谓之'江猪',生岭南者白而极肥。"从这些描述中可知,当时山东、江苏、安徽的某些地区的猪耳特别大;河北、北京一带的猪则皮肤较厚;四川、陕西及湖北某些地区的猪足较短;今天辽宁一带的猪头白;江南地区的猪则耳小;则今天广东等地的猪则为白色。可见在明朝时期,广东一带的猪即是以白色为主要特征,这可能就是今天的大花白猪的先祖。这是中国历史上比较早的且描述比较清晰的有关各个地区不同的猪品种特征的记载,文中对于当时中国大地上各个地区猪的品种特征作了描述,对猪的各部位的功能及其药用价值有了介绍,为我们今天了解当时的猪品种提供了一点线索。后来,明方以智在其《物理小识》卷十鸟兽类豕条同样记载了当时辽东和广东猪的毛色特征,其曰:"辽东白踊为奇,广则大抵花白。"依然指出,辽东一带猪的蹄为白色,而广东一带猪的全身多为白色,进一步证明了广东大花白猪的白色特征在明朝即已经出现了。

 2. 我国猪种对世界猪种的贡献

在当今世界猪的品种系列中,英国的大、中约克夏猪和丹麦长白猪等品种闻名于世,许多国家纷纷引进以改良当地的猪种。但是在它们对世界养猪业做出重要贡献的背后,其很大的一部分功劳要归于中国早期猪种的作用。世界上的许多著名猪种,其育成过程中或多或少地有中国猪种的参与。中国猪种以其早熟、多产崽、易育肥、肉味鲜美和具有稳定的遗传性等特点而闻名于世，这些性能实非18世纪时期的外国猪种所可以媲美的，尽管它不如西方猪种体格粗壮。

汉唐以来，华南广东地区的猪经过海道外传，对西方的养猪业发展做出了贡献。在欧洲，古罗马时期就利用中国猪，主要是华南地区的猪种，对罗马本地的猪进行改良，育成了罗马猪。当时的罗马统治者，对于猪肉品质要求十分高，而由欧洲野猪驯化而来的当地猪，成熟晚、肉质差、生

丹麦长白猪

长慢，不能满足当时对猪肉品质的要求，因而特意引进广东猪，以改良其品质。当时的中国广东猪种正好具备罗马猪（那不勒斯猪）所缺的优良品质，罗马帝国便引进中国猪种，以改良他们的原有猪种。经过多次引进，吸收了广东猪种早熟、易肥、肉味鲜美的性能，育成了罗马猪。这种由广东猪种参与改良的罗马猪，对西方近代猪种的育成做出了重要的贡献。这一事实见于《英国大百科全书》之中，其曰："早在2000年前，罗马帝国便引进中国猪种，以改良他们原有的猪种，而育成罗马猪。"罗马猪的育成，直接对近代西方的猪种的育成做出了重要的贡献。

中国猪的优点得到了西方国家的认可，因而在近代，引进中国猪种改良当地猪便成为一条捷径。工业革命以后，中国猪种的优点得到西方国家的承认和欣赏。当时中国与英国的贸易主要是通过东印度公司来进行的。18世纪初英国开始引入中国华南猪。当时的英国本地猪个体大，骨架较粗，体躯长而狭窄，四肢高立，背部隆起，成鲤鱼脊形，后躯发育不良，头部狭长，额窄而直，耳大下垂，皮肤粗厚，披毛密而粗硬，体色有白色、棕色和黑色，成熟慢，瘦肉多肉质粗糙，每胎产崽5～8头，属于欧洲野猪的家养种。通过引入亚洲野猪的家养种广东猪以后，广东猪的早熟、肌肉间脂肪适度、繁殖率高的特点被吸收进来，到了18世纪后期，杂交后的猪种，没有了本地猪种的一切粗糙特征，代之而饲养的是具有体躯丰满平滑、早熟易肥、性情温顺、肉质优美、含有中国猪血统的杂交猪了。

现今世界上著名的猪种，许多品种在其育成过程中都不同程度地有中国猪种的参与。历史悠久的巴克夏猪，原产于现在英国的巴克夏郡，在18世纪

末叶,曾采用中国猪和泰国猪与当地的母猪杂交,杂交结果以中国猪的效果较显著。伏汉姆引用劳氏《英国家畜记》的记载说:当时的中国猪来自广州附近,与泰国猪很相近,颜色有黑色和花白的,比中型猪稍大些。这种猪对英国北方比较寒冷的气候较敏感,但是杂交后代显示出了经济价值,即杂种比土种成熟快,只是体尺略比当地猪逊色一些,肉质肥美,适于鲜肉用,并不适于腌肉用,净肉率提高了,容易饲养,并且早熟。

古代的相猪技术

相畜技术起源很早,相传伯益始相畜,商代甲骨文中已经出现与相畜有关的文字,《周礼》中已经将马分为六等,没有相畜术是无法做到这一点的。春秋战国时期,已经出现了相畜技术,著名的相畜名家有伯乐,他主要从事相马。汉代是中国相畜历史上的一个重要时期,相马术的发达是这一时期的重要代表,还出现了标准的马式,即良马模型,或者说是模特儿。当然这与当时军事的发展需要紧密联系。受其影响,汉代同时也是中国养猪史上的一个重要时期,标志之一是对猪的相视著作已经出现。据《汉书·艺文志》记载,当时有"相六畜三十八卷",其中就有相猪方面的内容。可惜这些著作都已经失传,今天的人们无法窥其真实面貌。不过,考古工作者在山东银雀山汉简中发现了包含相狗内容的残片,有人推测这可能是《汉书·艺文志》记载的"相六畜三十八卷"中的相狗方面的内容。又如长沙马王堆汉墓出土的帛书《相马经》,与现在通行的《齐民要术》中的相马方面的内容大致相同,很可能是"相六畜三十八卷"中"相马卷"的一部分。以上列举的这些,足以说明《汉书·艺文志》所述的"相六畜三十八卷"确实存在,那么汉代出现系统的相猪著述应该是顺理成章的和可信的。汉代相猪技术发达的另一标志是首次出现了以相猪出名的人物。据《史记·日者列传》记载,当时"留长孺以相彘立名",说明早在汉代,许多人通过运用相猪技术,来判断猪的优劣。

由于文献记载的缺乏,除上述的内容外,整个汉代,没有其他有关猪的相视方面的记载。直到北魏时期,贾思勰在《齐民要术》中,记有较多的有关猪的相视方面的内容。《齐民要术》中的相猪方面内容,可能继承了《汉书·艺文志》"相六畜三十八卷"中猪的相视内容。《齐民要术·养猪》中有关猪的相视的内容较少,其曰:"母猪取短喙无柔毛者良。"注:"喙长则牙

多。一厢三牙以上则不烦畜,为难肥故。有柔毛者治难尽也。"后来大量的农书中关于猪的相法的内容,都引用此句,如《农桑辑要》《农桑衣食撮要》《便民图纂》《农政全书》《齐民四术》等都有此内容,只是个别文献中文字稍有不同。明方以智在其《物理小识》中指出:"相传留长孺相毻法,短项无柔毛者良,一厢有三牙者难留。"在这里,方氏的话一方面可以佐证《齐民要术·养猪》之内容之经典,另一方面还推测出这一内容是汉代相猪专家留长孺的发明。

上述有关母猪的选择,其原理可能依据母猪的性格与其繁殖存在密切关系。一般来说,母猪短喙则性格较温顺,自然利于繁殖幼猪。而"无柔毛"即是没有短绒毛,根据今天的农民养猪经验,确实是猪以毛疏松而净者,长得快,有绒毛的长不好。关于如何挑选育肥猪,《齐民要术·养猪》指出"供食豚,乳下者为佳"。"乳下者"是指那些在共食乳时居下者,这类的猪往往是一些体格比较强壮的小猪,这些小猪因为体格强壮才会争取到"居腹下"的位置,即乳汁最为丰富的地方,所以,这些猪自然比其他同窝小猪生长得好。

清代杨双山的《豳风广义》卷三论择母猪法记载曰:"母猪惟取身长、皮松、耳大、嘴短、无柔毛者良。嘴长则牙多,饲之难肥。猪以三牙为上,有柔毛者治难净。猪孕四月而生。母猪怀子时,不可喂以细食恐猪肥油大,则生子难活。猪忌五月配圈,恐九月生子少脑难成。生子后,母猪当喂以细食,生孕以奶豚子。"这一记载是对《齐民要术·养猪》一文中的内容的继承和发展。也认为"嘴短"对母猪来说是很重要的。而其中的"身长、皮松、耳大"等,则是着眼于所生仔猪以育肥为目的。因为母猪所生的仔猪一般会体现出母体效应。如果母猪的体格比较大,幼猪会更多地受母猪体格的影响,必定也会较大。而较大的体格,对以先采取掉架子再育肥的饲养方法来说,是再合适不过了。所以在选母猪时,注重"身长、皮松、耳大",这样将有利于生产优秀的后代来。

古代猪的饲养技术

猪的饲养技术是中国养猪史的重要内容。猪的饲养技术将决定着猪的培育方向和饲养效果。猪的饲养技术起源很早,但是没有相应的记载,今天的人们已无法知道。迄今为止,有关猪的饲养技术记载最早见于《齐民要术·

养猪》中，该书卷六记载曰："初产者宜煮谷饲之。其子三日便掐尾，六十日后犍。原注：'三日掐尾则不畏风，凡犍猪死皆尾风所致耳。犍不截尾则前大后小。犍者骨细肉多，不犍者骨粗肉少。如犍牛法，无风死之患。'十二月子生者，豚一宿蒸之；原注：'蒸法：索笼盛豚，著甑中，微火蒸之，汗出便罢。'不蒸则脑冻不合，出旬便死。原注：'所以然者，豚性脑少，寒盛则不能自暖，故需暖气助之。'供食豚，乳下者佳，简取别饲之。愁其不肥，共母同圈，粟豆难足，宜埋车轮为食场，散粟豆于内。小豚足食，出入自由，则肥速。"

这一段文字首先指出对于初生的仔猪要煮谷饲养，符合科学的要求。因为小猪初生，除了自然地吃母乳外，应该补充一些易于消化的饲料，如小米粥等。

关于幼猪的繁育，对于"十二月子生者"，要"一宿蒸之"。这是非常恰当的措施。因为十二月正值冬天，气温较寒冷，小猪由于自身的体温调节机制不健全，即所谓"脑冻不合"，难以很快发生调节体温的作用，必然容易出现冻伤的现象，所以应当采取一些措施，以避免冻伤发生。《齐民要术·养猪》认为应该采取对小猪放置于甑内，利用微火蒸的办法。此法比较有效，用加热的方式，促进体内体温调节机制迅速发挥作用，此外通过加热，起到保暖的作用。

关于供食猪的饲养，《齐民要术》中指出对于精细饲料"粟豆难足"的情况下，为了合理利用有限的饲料资源，在"共母同圈"时，"宜埋车轮为食场"，通过竖埋车轮于其间，露出上半部，隔开小猪和母猪，将"粟豆"散置于里面，只有小猪能够出入自如，既可以进去吃到"粟豆"，也可以出来吃上奶，而体格较大的母猪无法通过，只能待在另一边。这是一个有效的分别给料的管理方法。

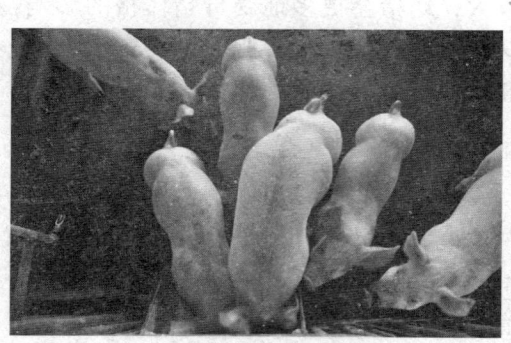
家畜——幼猪

明朝方以智的《物理小识》卷十鸟兽类记载曰："豕必獖牢，止宜二三育，多则胎殰（胎未生者死）。"这是有关猪繁殖方面的内容，方以智认为猪只宜生育三胎，否则容易死胎，这一点似乎没有什么依据。

第三章 中国古代养猪业

在猪饲养管理方面，明清时期总结出了一套方法。《三农纪》提出了圈干食饱和少喂勤添的饲养原则。书中说："喂猪莫巧，圈干食饱。"又说："一人持槽于圈外，每一槽若糟一杓，轮而复始，令极饱。若剩糟，复加麸糠，散于糟上，食极净方止，善豢者六十日而肥。"这是一种用精料作诱饵，促使生猪多吃并吃饱育肥的一种方法。《豳风广义》卷三提出了"七宜八忌"的饲养方法："养猪有七忌八宜：一宜冬暖（原注：卧处宜向阳，严冬宜遮蔽），夏凉（原注：夏日圈中常积水池，使得避暑。再圈中傍墙多栽树木也好）。一宜窝棚小厂，以避风雨。一宜饮食臭浊（原注：和食不可用生水。清水常宜盒，令酸臭）。一宜细筛拣柴（原注：一宜除虱，去贼牙）。一宜药饵避瘟。一忌牝牡同圈。一忌圈内泥泞。一忌猛惊挠乱。一忌急骤驱奔。一忌饲喂失时。一忌重击鞭打。一忌狼犬入圈。一忌误饲酒毒。这些都是较为有效的管理措施，反映了明清时期养猪技术的精细。

古代猪的放牧与舍饲

在猪的管理的历史上，舍饲和放牧到底是个什么关系呢？据相关研究认为，中国历史上大约有两种养猪方法。一是放牧，猪只散养于舍外，没有什么特殊的照料，这是一种较原始落后的养殖方法。但其优点是十分简便，无须人力来照管，省事省力，且由于猪在外面采食，不需要主人供给太多的饲料；缺点是猪在外面散养，体力消耗太大，不易肥育，而且粪便散失，无法利用。二是舍饲法，也称圈养，就是将猪拘禁圈养起来，限制其活动，供给足够的青、绿、粗饲料，搭配少量的粮食，精心饲养，使其迅速育肥。同时粪便也可便于集中起来，储存发酵，用之作为农田的肥料。这种方法的优点是可以快速地让猪育肥，缺点是需要给予较多的饲料。上述的两种饲养方式各有利弊。由于各个时代和各个地区所具备的条件不同，所运用的养殖方式也就自然不同。随着时代的进步，可能越来越多地运用舍饲方式。

在猪被驯化的过程中，首先是猪被拘禁起来，直到完全被驯化以后，才会有自由放牧之办法。如果猪没有完全被驯化，会在自由放牧的过程中跑掉。刘敦愿先生认为原始社会的养猪方法可能采用放牧的方式，并认为商代西周时期仍然沿用，甚至晚近某些时期某些地区仍然使用此方法。这一推测是可信的，因为在汉代，放牧的方式依然比较普遍。

放牧这一方式何时起源，还需要进一步的证据。在没有确凿的证据之前，我们还不能下结论。由此我们也可知放牧和舍饲的关系，不是简单地将其区别为前者是早期使用的、较落后的饲养方式，后者是后来使用的、较先进的饲养方式。实际上后来舍饲越来越普遍，多与避免损坏地里的庄稼有关。在晚上猪回到舍中，排出粪尿后依然可以积肥。

不过，在东汉时期，猪可能具备自己回到主人家中的特性。《续汉书》载东汉曹腾之父曹萌，"以仁厚称，邻人有失豕者，与萌豕相类，诣门认之，萌不与争。后所亡豕者还家，主人大惭，送所认豕，并谢辞萌，萌笑而受之"。这一段文字说的是曹萌家的猪与邻人的猪相似，后来有一天邻居家的猪不见了，当他看到曹萌家的猪后，因体形相似，就说曹家的猪是自己的，曹萌就将自家的猪给了人家。但几天之后，邻居家的猪自己回家了，于是邻居很惭愧，将先前索要的猪送还。曹腾为东汉桓帝时的大宦官，其养子曹嵩是曹操的父亲，曹操籍贯为谯（今安徽亳州），因此这段史料一方面反映的应是淮河流域放牧养猪的情况，另一方面也反映了当时家猪可以自己散放，不需要人全程看管而回到主人家。

关于舍饲的方式，大概在商代和西周时期即已经出现了。

古代牲畜所居的栏叫"牢"，因此猪所居的栏也叫牢，或者径直称为"豕牢"。如《诗经·大雅·公刘》篇中有"执豕于牢"，《国语·晋语》有"溲于豕牢"，甚至战国时期也还如此称呼，如《庄子·达生》篇中说："祝宗人玄端临牢笼，说彘"，等等。但是在甲骨文中，马、牛、羊所居之"牢"和豕所居之"牢"形制大不一样。前者所居之牢都作"⑦"形，比较简单地勾画出栏圈的形状，并都有出口示意。

栏圈里面的家畜——猪

魏晋南北朝时期，猪的饲养既有舍饲，也有放牧。从《齐民要术·养猪》中我们可以看到当时猪舍饲的证据，其曰："牝者，子母不同圈。子母同圈，喜相聚不食，则死伤。牡者同圈则无嫌。牡性游荡，若非家生，则喜浪失。圈不厌小。圈小则肥疾。处不厌秽。泥污得避暑。亦须小厂，以避雨雪。"又可以看到放牧的情形。其中若非家生,则喜浪失,指的是如果购自他处,在熟悉了主人家的环境之前,容易丢失。

《齐民要术·养猪》的另一则记载,则明白地告诉我们当时盛行放牧饲养猪。其曰:"春夏草生,随时放牧。糟糠之属,当日别与。糟糠经夏辄败,不中停故。八、九、十月,放而不饲。所有糟糠,则蓄待穷冬春初。猪性甚便水生之草,杷耧水藻等令近岸,猪则食之,皆肥。"

唐代的养猪方法,既有舍饲,也有放牧的。唐代王绩的《田家三首》中说:"小池聊养鹅,闲田且牧猪。"说的是在闲着没有种庄稼的土地是可以放牧猪的。这也说明当时猪的养殖受作物种植的限制,不可以随便放牧,只有地里庄稼收获了,才可以尽情放牧。《太平寰宇记》卷七十九"蜻蛉水"条载:"《郡国志》云:'上有石猪峰,峰有石猪,云夷人昔日牧猪于此。''今人于此,不改放牧。'"说的石猪峰是当地人放牧猪的地方,且这种放牧猪的方式在当地持续很长的时间。山地放牧不影响作物,且能够持续很长时间。

到了宋代,在饲养方式上,一般也是采用圈养和牧养两种方式。南方大部分地区采用的是圈养方式,与当地土地利用效率高、人口较稠密有关,猪如放养,则易损害别人的庄稼,导致矛盾产生。如浙江湖州一带的民间养猪"皆置栏圈,未尝牧放"。

明清时期,则更是如此。当然有些地区情况略有不同,如西南地区的云南贵州一带,由于山地较多,直到近代许多地区养猪靠放牧。至于青藏高原的西藏猪,则主要是靠放牧来饲养的。

古代猪的阉割技术

猪的阉割技术,是古代兽医技术史上的一大发明,也是养猪技术进步的一大标志。早期阉割技术的主要内容是将幼公畜的生殖腺睾丸摘除,以阻止雄性激素的分泌。当公猪被阉割以后,性格变得温顺易于控制,也有利于脂肪的沉积,其肉质也十分可口。当今养猪技术上,阉割成为极其普通的育肥技术,并得到了广泛的运用。

在狩猎和采集的远古时期,人们主要通过猎获野生动物来获得食物。后来由于狩猎水平的提高,人们对动物的特点有了比较深的了解,便逐渐开始尝试拘系野生动物,不是马上将其杀而食之,而是让它们继续生活在人们的居住地周围。在长期的生产和生活过程中,野生动物逐渐改变了性情,成为

了家畜,于是,家养动物便产生了。在人们驯化野猪的过程中,由于野公猪性情比较粗暴,所以要想降服它,并为人类所控制,阉割便成为一种可能的、或者可以说是首要的选择。根据推测,猪的驯化可能是通过阉割这一途径来实现的。这一发明可能发生在文字记载以前的很遥远的远古时期。由于远古时期没有有关的、可靠的历史记载,使我们无法得知先民是否运用去势的方法来驯服野生动物,我们只能通过后来的相关文字记载来了解这一发明的产生。

周代,正式出现了关于去势猪性能将发生改变的记载。《周易·卷三》:"豮豕之牙吉。"虞翻注曰:"剧(同犍)豕称豮","豮"即指去势之公猪。崔憬云:"豕本刚突,豮乃性和。"这句话的意思是猪如果不去势,性情比较烈,如果去势,则可以改变其性情。

《礼记·曲礼》上说:"豕曰刚鬣,豚曰腯肥。"原注:"豕曰刚鬣者,豕肥则毛鬣刚大也,豕曰腯肥者,腯即充满貌也。"

《齐民要术·卷六》曰:"其子(小公猪)三日便掐尾,六十日后犍(即阉割)。注曰:'犍者,骨细肉多,不犍者骨粗肉少。如犍牛法,无风死之患也。'"

明代朱权《臞仙神隐书》:"骟马、宦牛、羯羊、阉猪、镦鸡、善狗、净猫。"说明到了明朝,猪的阉割有专门的词语,与其他动物的去势名词不同。

关于阉割的时间问题,《齐民要术》提出两月即可,明朝已经明确地记载关于对母猪的阉割方法,称为去子肠。而到了清代张宗法的《三农纪》一书中,则分别对公猪与母猪确定时间,公猪为一月后,母猪则两月后。

总之,中国有关猪的阉割技术不会迟于公元前11世纪。

中国古代养牛业

　　我国牛类家畜的分布现状是比较清楚的,但在历史上究竟是怎样的情况,几千年来有什么变迁,相关历史资料包括历史文献和出土文物,其中并未明确地表示,是黄牛还是其他牛种;虽以黄牛为主,同时更应区别是水牛还是犁牛。从新石器时代以后的原始社会里,我国南北各地陆续有牛骨出土,我们只能根据这些考古发现或文字记述寻找珠丝马迹。

第一节
牛与养牛业

我国考古学家为我们提供了不少珍贵的资料，都是从古文化遗址和墓葬中发掘到的。那些从新石器时代出土的牛羊兽骨，能否肯定都已驯化成了家畜，或者仍是一些狩猎来的动物，这个问题应当从不同地层年代所表现的人类社会经济生活的发展程度和所处的自然环境多方面去求得结论。

牛的头骨

黄牛是我国牛种的代表

用黄牛这一习惯名称表示中国牛种原是不无问题的。但就全国来说，虽以黄毛色居多，黑、褐和红色也不少，而且有些地方品种就不是黄毛色的。黄牛只能表示是一种家牛，为了区别于其他牛类家畜，自古即通称其为牛。因相沿叫惯，把黄牛作为我国牛种的代表，也有其历史性。

自古我国的牛种在某些历史时代和地区并非以黄毛色为主，在它的进化过程中显然已出现有意识选择的影响，可能除了广大草原地区外，并不是完全听其自然的。例如《礼记·檀弓上》指出：夏尚黑，牲用玄；殷尚白，牲用翰；周尚赤，牲用骍。这虽是古三代对祭祀用的牲畜，主要指的是牛马，随时代社会而有不同爱好或选择，但牛从来是历代首要的牺牲（祭品）。在这长达1500年的历史时期，就有对黑、白、黄（褐）不同的要求，这些历史在考古学上是难以证实的。远在西周时代，已传下来的牧歌中，例如《诗经·小雅·无羊》这一章中的"谁谓尔无牛，九十其犉"。犉被解释为体格壮大身

第四章 中国古代养牛业

高七尺牛，看来当时牧群里的牛种已是黄牛占了优势。若仅仅由此推测，黄毛色的牛种已很普遍，而且至少在 3000 多年前或更早就有了这个毛色遗传的基础。

大黄牛头骨

"黄牛"这一名称依照考古学家的研究，在甲骨文中已有了。在古代字典（《玉篇》）里有"榛"字，显然是古代西北的牛种以地区而命名的，春秋战国时代，秦已是西北的大国，可能当时的牛种即以该地区为最优秀，因此有这个专名。近世的秦川牛很可能导源于这种榛牛，但它现在却以红毛色居多。唐代陈藏器在《本草拾遗》里说得相当明确："牛有数种，本经不言黄牛、乌牛、水牛，但言牛尔。南人以水牛为牛，北人以黄牛、乌牛为牛。"所谓本经是指《神农本草经》，可见到汉代以前还没有黄牛之称，或并不专指北方一般的牛种。李时珍《本草纲目》还把榛牛看作中国牛种的代表，而是说"牛有榛牛、水牛二种，榛牛小而水牛大，榛牛有黄、黑、赤、白、驳杂数色"。依此而论，到明朝也不是一律称中国牛种为黄牛。但就全国来说，黄牛实际上较为多见，清初张宗法《三农纪》卷八里写道："北人呼榛牛为黄牛，黄者言可祀地也；又云旱牛，与水牛别也，不喜浴也。其形环目，肩负肉封，颈下裙垂，尾长若帚，其声远大，色有黄、黑、赤、自、斑黎、苍褐，其性耐寒，热暑立水中当浴。可耕，可车，可负，可任引致远。"

由此更可说明，黄牛之称是有来历的，足以代表中国的牛种，以其历史既久，分布亦广。榛牛可能是文字上的称呼，而黄牛远在明朝以前很可能已为民间俗称，只是历史文献记载不详细，还不能具体反映在古代的客观实际。至于说"榛牛小而水牛大"，这是比较而言，目前我们见到的，其实也是如此，这不等于说北方牛种的体形小，而且北方平原和牧区的牛种一般就大于南方的黄牛，这和各地气候和饲养条件有着密切关系。在塞外广大草原上，历史上也只是通称为牛，南宋徐霆出使塞外归来后所写的《黑鞑事略》里说："见草地之牛，纯是黄牛，甚大，与江南水牛等，最能走，既不耕犁，只是拖车，多不穿鼻。"这还只是指内蒙草原上的蒙古牛，其语简而真实，可以说是历史上第一次对蒙古牛的描述。由于古代塞外水草丰茂，牛种才如此壮大，好像当时在塞内所见的牛种体格还比不上北方草原的牛种。

北方饲养水牛的考证

古生物学既证明中国北方包括内蒙地区有过水牛，但尚难证明最初在何时何地曾经饲养过，更因为早期的历史文献对水牛这一名称没有明确的记载，常把黄牛和水牛统称为牛，加以2000年来的历史文献一般也认为水牛是南方的家畜，在近世更有水牛"外来论"的教条，以致中国北方不养或没有水牛却成了定论。但事实未必如此。

"水牛不过淮"，早已成为近世口头语。水牛虽在黄淮之间遗留的数量很少，但它不仅早已越过淮河，而且还越过黄河以北。相传老子骑青牛出函谷关，这头青牛是水牛还是黄牛，历史从未指明，既是青牛不得不想到水牛，而且各地道教的观宫所画的牛和铜牛像更像水牛，这虽不能肯定它就是水牛，论据也不足，但李耳当年是从黄河以南出发西行，春秋时代的中原地区，南接楚国，必多水牛，而且近世在河南许昌地区一带和陕西省的汉中地区就有不少水牛。《太平御览》引《凉州异物志》还说："有水牛，育于河中。"凉州即今甘肃省武威县一带，可见在古代的河西地区也有水牛，只是因为数目稀少而被视为珍异之物。因此认为，中国北方没有水牛的论点是不符历史真实的，而是由于远古时代自然环境的变迁，水牛早就随之向南方转移。至于近世水牛的北移，也可说是重返它的原始故乡。

第二节
牛的利用及其发展过程

从牺牲发展而来的古代肉牛

在古代社会里，养牛的目的原是继承渔猎时代的生活，而以食其肉、用

第四章 中国古代养牛业

其皮骨为主，从原始的畜牧业向农业生产的过渡时期，也是如此。随着农业的逐渐发达，为了辅助人力的劳动，又利用它作为拉车和交通运输的动力，以一种役畜的姿态出现于世上。

在神权思想支配的历史时代，牛早就成为一种隆重的祭祀用的牺牲，卜辞上出现的牛，很多就供此用。在长期的封建制社会里更是这样，而且几乎成了封建统治阶级所独享的肉类，只有在牧区和回族人民中才是例外。古代社会既有这方面的需要，也只有从畜牧生产中去满足其要求。因此，肉牛原是中国牛种发展史上最初的方向。

牛充牺牲的历史很悠久，有如《史记·五帝本纪》中记载：尧时"用特牛礼"，这是指选用牡牛作为祭品。《尚书·微子》中有："今殷民乃攘窃神祇之牺牷牲用，以容将食无灾。"神祇：天地鬼神。"牺牷"是祭祀时所用服体完整的牲口。"牲用"是盛放牺牲的器具，而且还要求牛是纯毛色的。由此可见，当时所用的牛牲已相当讲究了。甲骨文上就有不少用牛供牺牲或肉用的记载，有的每次达三四百头，比用羊和猪充牺牲的数量还多。祭祀用的牺牲以牛为上品，列为大牢，以羊为小牢，豕次之，古称它们为三牲。太牢和少牢是周朝的制度，太牢则三牲俱全，如果祭品中没有牛牲，即称为少牢。也有解释太牢是大的畜栏，以便饲养牲畜，而是供肥育用的牛栏（圈）。特别在整个封建社会，太牢祭是十分隆重的祀典，祭孔就用上它。在早期封建社会里还定出严格的制度，并规定哪个阶级和阶层的人们才有享受吃肉牛的权利。

祭祀不仅是封建迷信，封建社会以前已多次举行，以祭祀为名，其实还是被人当作肉食。很明显，养牛的劳动者反而分享不到。这里不是在研究其制度，而是要说明肉牛以祭祀的名目正在发展，不仅在古代对肉牛有等级的区别，而且还按牛的角形作为一个标准。所谓"角茧栗"，可能是指生长中的犊牛或无角（牛角非常短小）的牛，亦即牛角长得只有像蚕茧或栗子那样大。"角握"表示角长大到恰好有一手掌所能握住的青壮年牛。"角尺"指角长的老牛。其实，这些制度在春秋时代早就被当时的新兴地主阶级打破了。虽企图复此旧礼，但诸侯

肉牛

称霸各方，同样在用太牢。《礼记·王制》所规定的"诸侯无故不杀牛"，更成了空话。《诗经·魏风·伐檀》道："不狩不猎，胡瞻尔庭，有县貆兮。"这原是人民讽刺食禄无功的统治阶级，在他们家里的厅堂上悬挂着牛肉和其他野味，也表明贮备肉类并不局限于为了祭祀。

由于肉牛逐渐普遍起来，屠宰技术在古代也在发展，当然这不仅是局限于屠牛方法而已。在没有金属工具或屠刀以前的古代社会里，肢解屠体必然是很粗陋的。虽然屠刀一类工具似乎尚未有出土文物证明，但历史确已指出，春秋时代已有了锐利的屠刀，这种屠刀不会是铜制的，而已是铁制的。因此，屠牛方法也有进步，如《庄子·养生主》中指出：庖丁为文惠君（即战国时的魏主梁惠王）解牛，操刀手法很熟练，而且说："良庖岁更刀，割也；族庖月更刀，折也；今臣之刀，十九年矣，所解数千牛矣，而刀刃若新发于硎。"这不能单纯地当作寓言性质的论述，也应作为古代屠牛方法的确证。《前汉书·贾谊传》更是进一步指出：春秋时代有一位名叫坦的屠户，"一朝解十二牛，而芒刃不顿（钝）者，所排击剥割，皆众理解也。至于髋髀之所，非斤则斧也"。显然当时已有了良好的屠具。此外，尚可从一些文物资料中证明屠牛的方法，例如嘉峪关魏晋墓室的壁画中所见，屠夫一手执锤，一手牵着拱着背腰拒不向前的老牛。这里并不是利用屠刀，而是表明相当于现代屠牛所采取的锤击法，即对着头脑部猛击使之昏倒，随后用屠刀放血，仅由这一点，便足以给古代屠牛技术以较高的评价。在敦煌壁画中，第88号窟里绘有彩色肉店的场面，一位屠夫正在桌上操刀割切，用铁钩挂着整块或连腿的肉，看来主要是牛羊肉，这已是唐代的壁画。说它是屠坊，不如说更像是近百年所见兼营屠宰的肉庙。以上两处壁画，只是反映中国西北部分地区的屠宰情况，千百年来在都市由于肉类需要的增加，实际上不论是屠坊的规模和屠宰技术，都已有很大的发展。

交通运输用的役牛

牛车是几千年来我国南北各地最古老的重要陆地交通工具，并不亚于马车的功用，只是它的行速缓慢而已。根据历史文献，牛驾车还早于马驾。《世本·氏姓》指出："胲作服牛"，按照该书不同辑本的注释，或说胲是黄帝时代的马医，也有说他是少昊时代发明牛驾的人，甚至还有认为胲就是马师皇（历来被中兽医尊为兽医的祖师）。但《吕氏春秋·审分览·勿躬》又说：

第四章 中国古代养牛业

"乘雅作驾，寒哀作驭，王冰作服牛"。以上这些传说和考据都表明，至少在新石器时代的后期已创造出牛车。《通典·王礼典》更是肯定地说："黄帝作事，至少皞始加（驾）牛。"少皞就是少昊，是黄帝的后代，尧的祖辈，这表示黄帝时代还没有牛车。《易经·系辞传下》所说的"服牛乘马，引重致远，以利天下"，是指尧舜用牛马拉车，供交通运输之用。

牛车比马车的创始虽然较早，但直到最近，似乎还只能见到从殷墟等地发掘出来的二马或四马拉的车辆，而且车马的装配已很完美。在这同时代，更不必说是在殷代以前，迄今未闻有发掘出牛车一类的报告，好似在考古学上不能证实牛驾先于马驾的传说，但也不能就此否定这种传说。因为那些马车是奴隶制社会里的陪葬品而被同时发现的，这样的马车在结构和装饰方面不能视为在殷代才有的，在这以前已有了初级的车辆。在奴隶制以前的古代社会未必有这类陪葬品，更不必说牛车了。由于先有牛驾，当初的牛车必然比不上殷墟出土的马车。最早的牛车必然是很简陋的木结构，缺乏金属加固，在作废以前很可能被当作废物拆除或作为燃料，以致很难遗存到近世。这并不是一种推想，因近世农村有些牛车几乎也曾是木结构的，用牛力牵引，同样可以运转，只是不够灵巧。

畜力车辆的发明，是世界文明史上的一件大事。根据英国牛津大学辛格尔等氏的《技术科学史》，其中论及原始的车辆是完全木制的，那些在中东古老国家发现的车辆，式样非常简陋，有轮而无辐，只由两块木板钉成。究竟世界上在何时何地发明了畜力车辆，看来尚有待于证明。要研究这个问题，有必要联系古代中国役牛的发展经过，而且也有必要和古代马车及其套具的先进性结合起来，因为牛用的轭具较为简单，而且未曾发展到有如四马或六马拉车的程度。

耕牛的起源和发展

随着古代农业的发展，农具有了改进，牛的利用发生了关系到我国牛种现状的决定性改变，采取了牛耕，从而有了耕牛的出现。长期以来中国以耕牛作为农业的主要畜力是有它的历史背景的。要研究这个问题，必须联系到古代农具主要是犁的发展经过，在农民的训练爱护之下，而且耕牛不仅仅是会耕地等田间的劳动，实际上也是一种较为全能的役畜。

牛耕究竟始于什么时代？这个问题古来有过不少争论，一般都是以一些

中国古代养殖
ZHONG GUO GU DAI YANG ZHI

耕牛

历史记载和考古发掘作为论据。

由于铁器农具容易氧化锈烂，不容易长期保存，以致至今很难从2500多年前的地下出土最古老的铁犁。迄今在黄河中下游各省均有所发掘，其中也只有在河北省易县出土的战国时代的铁犁铧，在河南辉县等地也有发掘，如果早有了铜犁，那就更能在地下保存下来才是。唯有自古以产铜著名的云南，从战国末期到汉武帝时代以前的滇文化时期，从江川县古墓群中才有铜犁的出土。显然在西南地区2000多年前才证明采用了牛拉的铜犁，这在黄河流域几乎是不可能的。

就这个"犁"字来看，不论是在甲骨文中还是在金文中，都是从牛字。古人造字很多象形，由这里可以反映耕地与牛的关系，即使有把它解释成为一种耕作方法，还是离不开牛字。

第三节 牛的饲养与管理

古代养牛管理组织和制度

封建王朝管理养牛的制度，从来以皇室的利益出发，谈不上为民之利布政。所以当初只不过是管理那些御用的畜群，以便随时供应肉类乃至乳品，

这也是与东西方各国皇家牧场的历史有所相似的方面。当然古今中外的这类牧场,不仅是养牛,同时还饲养各种畜禽;即使是汉唐的大马场,也同时有大群的牛羊。

早在我国从奴隶制向封建制过渡的社会里,有所谓"牧正"和"牧师"的职称,实则是主管马和牛的头目,当初连马政也谈不上。《周礼·地官》中的牧人,"掌牧六牲,而阜蕃其物,以供祭祀之牲拴"。这是名实相符的原始牧官或牛官。到秦汉以来2000多年,凡属朝廷所需的肉类,无论是大小宴会所需,或供应皇室祭祀的牺牲,均归九卿中的光禄和太常二卿分别直接掌理。到隋唐时太常寺的廪牺署,到宋朝光禄寺的牛羊司,都是这样发展起来的。这些设置只是专为皇室京官管理肉类的消费,对整个养牛业根本不起领导作用,而只是把生产出来经过拣选的肉畜献给他们去享受。

由于原来的草原民族相继南来,并在黄河流域成为统治者,他们对畜牧更为重视。原来的牛官之属完全归隶太仆寺,如在北朝时代,太仆寺内设有驼牛署,并分设典驼、特牛、牸牛三局,署下设置令丞,各局设都尉。这显然是游牧民族入塞后,按照他们以牧为主的经济基础上建立起来的组织形式。不过北周的制度几乎摹仿周礼所定,创设典牧中士等职官,相当于周官的牧人,又设置典牧都尉、典牛中士等职官。到隋朝统一后,继承了一部分北朝旧制,在太仆寺内成立牛羊署,这是把北朝的驼牛署和司羊署合并而成的;唐朝再把牛羊署改为典牧署,仍隶属太仆寺,专管来自陇右各牧监除马骡以外的家畜给纳以及酥酪脯腊的制作,并有主酪达74人。

由此可见,在唐宋以前的养牛业已形成一套行政机构,并附属于马政,直到明清二代基本上也是如此。或则另设一个专供肉畜的御用机构,如明朝上林苑的良牧署,清朝内务府的庆丰司,但这些组织也只是相当于皇家牧场的总管罢了。

民牛和牛税的征用

每当用兵年代和乱世,不仅征用民马,牛也被征充役,或供屠肉馈军。以征取牛羊作为游牧民族建立政权的重要财源,自北朝及十六国时代已经盛行,在草原地区,征取牛羊如同农区征粮。此外,民族间的战争,牛动辄以万计作为战利品,实则这不过是对人民畜产的大肆掠夺。

秦汉时代即因军需征用民牛,或供运输,或充军食。李广利远征大宛时,

用牛筋作为弓弦的弓弩

从玉门关内征发牛10万头,马3万匹。北朝以牛为课赋,如泰常六年(421年)诏:每二十户出戎马、大牛一头(《后魏书·太宗纪》)。但在平时总不轻易征调耕牛,以免影响农业生产。唯有乱世或戎马倥偬的时代,虽是在唐朝,例如为平定吴元济的叛乱,仍免不了向民间征用耕牛。元和十二年(817年),东畿(今洛阳地区)民户供军尤苦,牛皆馈军,民户都以驴耕(《唐书·宪宗纪》)。元帝国建立之初,太宗五年(1233年)规定,家有牛羊十至一百者,取牝牛羊各一,交官收牧,并开具原主姓名,头数上缴,听候支拨,不得违错,若有隐瞒,尽行没收。定宗五年(1328年)谕。诸色目人等,牲畜十取其一,隐匿者罪(《元史·食货志》)。

畜产征税由来已久,如《周礼·地官》的闾师:"掌国中及四郊之人民、六畜之数,以任其力,以待其政令,以时征其赋。"利用其人力、畜力从事生产,以征调力役,按时征收税赋。以后发展成一种苛捐杂税,或则按耕地多少交纳牛皮,也是由屯田带来的一种剥削制度。因屯田所需的耕牛,虽由官给或贷款购牛,但必须逐年偿还,结果却成了变相的捐税。就宋朝的岁赋制度而论,其中有牛草及六畜税目,原是承循唐制。五代曾定为二十石(租)输牛革一张,或折钱一千,而且在川蜀的牛驴,死后皮革尽数入官。这一苛征到宋初才蠲免,改为民租二百石,交牛革一张,或折钱一千五百(《宋史·食货志》)。宋初建隆三年(962年)七月:诸道州府人户所纳牛皮筋角,每年夏秋,按苗十顷,纳牛皮一张,角一对,黄牛干筋四两,水牛干筋半斤,或纳钱一贯五百文(《宋会要辑稿》)。这些牛筋主要供工部制造弓弩,由于督催过急,也有因此宰牛取筋,但也有改征马筋和羊筋代替的。

宋代牛税之重可说仅次于田赋,皆为农民所苦。例如官牛百二十头,租给密州民用,须岁输租麦四百二十石,亦即每牛的租税多达三石半。但牛已死,而租未免,到太平兴国六年(981年)才下诏免除。

全国另有所谓牛头税,或称牛具税,这是金朝对猛安谋克部(女真的部落组织,有警则出战)女真户按牛数所征的农税。其制是每牛三头为组成一具，限定民口二十五人授田约四顷四亩，每年征取粟不逾一石，官民占田不超过四十具。天会四年（1126年），诏内地诸路：每牛一具赋粟五斗为定制。到大定二十三年（公元1183年），仅上京（包括基北广大阜原地区）诸路的猛安谋克部，有户口 6158636 人（内农奴约占 1/5），田 169380 顷，牛具 384771（合 115 万头牛）。照这样说，金朝在其根据地，约今辽河至松花江地区，农业已相当发达，耕牛也相当多了。

牛籍的由来

长期以来，只知有马籍，其实，在春秋时代既有了马籍，应当早也有牛籍。牛马之籍，用现代术语说明，是对这些家畜采行登记的制度，并使它们受到法律保障，防止窃失，便于查核。这种制度在过去的2000多年里，实际上都在执行。

为了说明牛籍的真相，根据居延汉简为证，该汉简 36.2 有"五日令史官移牛籍太守府"等语。沈元为此列举 10 简，并作出校释，今选其四简如下：

（1）力牛一，黑，特，左斩，齿八岁，絜七尺八寸。（编号491.8）
（2）牛一，黑，牡，左斩，齿三岁。（510.28）
（3）牛一，黑，牝，白头，左斩，齿四岁。（512.6）
（4）牛一，黑，特，左斩，齿三岁，絜七尺三寸。（517.14）

论格式，与居延汉简里的马籍也相同，亦即按毛色、性别、标记、年龄、体尺的次序登记。这里认为，所谓"左斩"，与马籍上的"两剽"或"左剽"有同样的用意，似乎是指的牛体一侧打上相当于烙印的标记。至于"絜"字，很可能指牛的体长，而不是体高，因汉简马籍中既有"高五尺九寸"，牛的体高决不会大大超过马的体高。此外，"特"字显然在此指的阉牛，因不同于牡牝。

居延汉简所记载的，与西汉时代在河西六郡推行屯田有关，这些牛可能就是用于屯田的。由此更可推测，牛籍既与屯田用牛密切有关，这 2000 年来，至少在汉代制度的基础上，无论官牛和民牛，都有了较详细的登记办法。

牛的放牧和舍饲用具

自古对牛的饲养管理曾创造了不少管理的方法，以便保健牛体，或便于操纵使役。

1. 牛鼻环

根据商代的甲骨文，牛字作"半"半或"半"形。有人认为这个字只表示牛头，而下边一横画指的用木棒穿过牛鼻子。如果这一考释确实，则牛穿鼻的历史在世界上算是最古老的了，这对牛的驯服是一大贡献。但在大群放牧的牛群一般都不采取穿鼻，似乎在古代的农业社会里，成了家畜的牛，首先要制服它原有的兽性，使它服从人的管理，牛穿鼻显然是在饲养环境中的有效管理法。《庄子·秋水篇》指出："牛马四足，是谓天；落马首，穿牛鼻，是谓人。"表示牛马有四肢是天生的，而装马络头和穿牛鼻是人为的。《淮南子·主术训》中说："若指之桑条，以贯其（牛）鼻，则四尺童子牵而周四海者，顺也。"这也表明穿鼻的牛很能受人驱使。在两汉以后一些壁画的牛耕图中，更可证明早已采用了牛鼻环。由此可见，穿牛鼻至少在2000多年前已从鼻棒发展到鼻环，不仅用木棒，鼻环还采用铜或铁制成。这些不同的牛穿鼻方法，实际上都见于今日。

2. 牛衣

古代采用牛衣足以证明对牛的爱护，但只限于冬季寒冷的北方农村。《前汉书·食货志》指出："故贫民常衣牛马之衣。"汉代的王章在贫病交困时，即以"牛衣代被"，颜师古注："牛衣，编乱麻为之，即今（唐）俗呼为龙具者。"在北方，牛衣也是一种农用商品。《晋书·刘寔传》说他是高唐人，"少贫苦，卖牛衣以自给，然好学"，亦可证明。到现世，国内外对马衣较为重视，对牛衣就不注意，只有水牛在江淮等地区还采用，可是大多不符牛衣的要求。

在《农桑衣食撮要》中介绍每年十月编造牛衣的方法如下，足以说明古代的牛衣是怎样的：

"将蓑草间芦花，如织蓑衣法，上用蓑草结缀，则利水；下用芦花结络，则温暖，相连织成四方一片。从极寒，（牛）鼻流清涕，腰软无力，将蓑衣搭牛背脊，用麻绳缠系，可以敌寒，免致冻损。"

3. 牛鞭

从汉魏以后一些壁画牛耕图中所见，古人早已采用了牛鞭。《授时通考》

（清乾隆国定本）卷四一称它为"呼鞭"，并有图和说明："春秋传云，鞭长不及马腹，此御车鞭也，今牛鞭犁后用之，亦如之。农家细麻合鞭，鞭有鸣鞘，人则以声相之，用警牛行，不专于挞，故曰呼鞭。"由此可见，这和近世耕田时见有横加鞭挞牛体者，实不可同日而语。

 4. 牧笛

唐宋以来的文学家，往往把耕牛的放牧和牧童联系在一起，一些古诗画还描绘出牧童骑在牛背上吹笛的情景，好像他们是在野外嬉乐。其实，这未必就是表示牧童或牛郎有愉快的心境。正如宋代李迪在《风雨归牧图》题的诗道："冒雨冲风两牧儿，笠蓑低绾绿杨枝。深宫玉食何从得，稼穑艰难岂不知。"

吹牧笛却是牧牛实践中的一项创造。王安石《和农具诗·牧笛》："绿草无端倪，牛羊在平地。芊绵杳霭间，落日一横吹。"这也是对牧童吹笛放牧归

牧童骑黄牛石雕

来的写生。照王桢《农书》的解释："牧笛，牧牛者所吹，早暮招来群牧，犹牧骑者鸣筯也。当于村野间闻之，则知时和岁丰，寓于声也；每见图书，咏为歌诗，实古今太平之风物也。"说它是太平风物，未免言近粉饰，而应把吹笛看作是指挥牧群的一种放牧工具。

近世在南方山区农村，尚可见到牧牛者以吹牛角为号，又如北方牧区的鸣筯，一闻角声，每户的牛都放出，采取集体放牧的老办法；傍晚收牧时也吹角，各牛各归其所。

另外有一些舍饲所需的用具，如饲料桶（槽），切草用的铡刀（剿），草篮（刍架）等。在《授时通考》还有牧牛具图说，它们几乎与目前在农村使用的完全相同。

中国古代养马业

　　中国畜牧业史中，以养马的历史最为丰富。早在原始社会晚期已开始养马。至汉、唐时期，养马业臻于极盛。北方和西北的游牧民族尤以养马发达、牧草肥美、精于骑术著称。中唐以后，土地兼并剧烈、人口大量增加、牧地相对缩小，加以统治者实行禁养等原因，致使官民养马均趋于衰落，清代以后尤为明显。传统牧场也因过牧、滥垦及沙化而大为缩减，草原养马业已再难恢复往日的繁荣。

　　马是人类的重要家畜之一。同时，在古代马也是人类最重要的交通工具。因此，在中国畜牧业史中，以养马的历史最为丰富。早在原始社会晚期已开始养马。由于马在战争、交通、仪礼及耕垦曳引等方面的重大作用，很早就被称为"六畜"之首。历代政府因战备需要，多大量养马，并设官管理。民间也养马以供耕驾。下面就让我们一起去了解我国古代的养马业吧！

中国古代养殖
ZHONG GUO GU DAI YANG ZHI

第一节
悠久的马文化与马政沿革

人类与马的关系

中国5000多年文明史，如果离开了马，就会逊色许多。历史上有"神马驮书"的美丽神话故事，《尚书中侯·握河纪》载："伏羲氏有天下，龙马负图出于河。"相传伏羲氏时，有龙马从黄河出现，背负"河图"；有神龟从洛水出现，背负"洛书"，伏羲根据这龙马和神龟驮来的"图"与"书"画成了八卦，这就成为"周易"的来源。传说中又有关于"八骏马"的故事。《拾遗记》周穆王记载："王驭八龙之骏，一名绝地，二名翻羽，三名奔宵，四名超影，五名逾辉，六名超光，七名腾雾，八名挟翼，谓之'八骏'也。"

古代对好马的重视，又演绎出许多脍炙人口的故事，如"老马识途"的典故，"白马非马"的哲理论辩。秦穆公时的伯乐、九方皋都是当时相马的高手，以至今天"伯乐"成了发现、培养人才的代名词。汉武帝还将作为良马的标准尺寸铸成"铜马法式"立于长安鲁班门外。1973年在马王堆3号汉墓中出土的帛书《相马经》是目前能看到的最早的相马专著。

由于人们爱马，马也成了绘画艺术对象。从甲骨文字创立的那一刻起人们就已经把马作为艺术表现题材了。但马的形象无论是在作用上、使用上或艺术创作上在秦以前都还没有其独立存在的地位。

马开始与人类产生关系恐怕还应从劳动开始。但马开始崭露头角还不是从劳动中来

唐三彩——马

第五章　中国古代养马业

的,而是战争。春秋战国是中国历史上战事频仍、血雨腥风的年代,其中车战占了很大的成分。车战中马自然起了重要的作用,在以青铜器占主导地位的时代,我们常能看到的是象尊、云纹犀尊或四羊方尊,甚至还有豕(猪)尊这样的青铜重器,很少马的造型。只是到了秦朝,号称"世界第八大奇迹"秦始皇陵的秦兵俑、铜车马,还有秦鎏金铜马车,那精绝的造马技艺令人叹为观止。秦兵马俑是横扫六国的秦始皇军队强兵壮马的形象再现。秦始皇陵,共由三个坑组成,埋葬了8000个与真人真马一样大的陶俑陶马,其中一号坑形成的军阵最为壮观,为步兵军阵,兵马数目达6000个。

1980年12月,在秦始皇陵西侧的车马坑里发现两乘彩绘铜车马,是迄今为止中国所发现的年代最早、结构最复杂的铜铸车马,是举世无双的古代青铜器珍品。这种由四马并驾齐驱、托着篷盖的车,就是古代有名的"驷马安车""一言既出,驷马难追"即由此而来。

位于陕西太平县道常村西北的西汉霍去病的墓前花岗岩石刻是汉初雕刻艺术杰作。霍去病是西汉著名将军,五年内六次率部队反击匈奴的侵扰,六战六捷,为解除匈奴对汉朝的军事威胁和打通西域的道路立下不朽的功勋,但英年早逝,去世时仅24岁,汉武帝厚葬了他。墓前14件石雕中以动物为主,仅马的形象就有马踏匈奴、跃马、卧马三件。作者运用寓意的手法,用气宇轩昂、傲然屹立的战马来象征这位年轻将军的英姿。

唐三彩是唐代陶器中的精华,是我国古代陶器中一颗璀璨的明珠。唐三彩是一种低温釉陶器,在色釉中加入不同的金属氧化物,经过焙烧,便形成浅黄、赭黄、浅绿、深绿、天蓝、褐红、茄紫等多种色彩,以黄、褐、绿为基本釉色,因此后人把这类陶器称为"唐三彩"。唐三彩在初唐、盛唐时达到高峰。

唐三彩的色釉有浓淡变化、互相浸润、斑驳淋漓的效果。在色彩的相互辉映中,显出富丽堂皇的艺术魅力。唐三彩马不但色彩堂皇富丽,而且形体圆润、饱满,造型雍容华贵,从中可以显示出盛唐的时代风貌。唐三彩种类繁多,主要有人物、动物和日常生活用具。在各种动物塑像中,以马和骆驼为多,在唐三彩中出现如此之多的马和骆驼,是与当时的社会发展历史相一致的,集中反映了当时发达的交通运输业。

马政历史沿革

历史上由政府管理全国官民马匹的组织制度,最初酝酿于周代。《周礼》

中的校人、牧师、圉师、廋人、趣马、巫马等职司,分掌马的放牧、饲养、调教、乘御和保健等任务。除周王室与诸侯养马外,又向下级征发马匹以充军赋。春秋、战国之际已有"千乘之家""万乘之国"以车马代表财富的语汇。秦、汉时边郡设苑养马,并成立太仆寺,马政机关从此形成;太仆一职也由周代周王车驾的御从,变为马政长官,位列九卿。北朝起太仆寺兼管骆驼、牛、羊等牧政。

隋唐在陇右设牧监,除太仆寺统管全国牧政外,又设驾部主管驿马,汇集官私马牛杂畜的簿籍,以凭考课,马政组织至此大备。

宋代除仍有太仆寺和驾部外,又设群牧使。政府还设茶马寺,以茶叶等向西部少数民族换取马匹。王安石创行官马民养的保马法,但不久废止,以后改行民牧制度。辽、金、元马政组织基本仿效唐宋制度,以养马于塞外为主,并大肆搜刮民马。明初在全国南北各地推行马政,在陕甘和辽东设养马场,在农区厉行官督民牧,由太仆寺、苑马寺及行太仆寺分掌其事,统于兵部。后因草场日减、官吏乱职而未见成效。清代全盛期抑制内地民间养马,养马业日益衰落,只在察哈尔等地设若干马场,政府设太仆寺、上驷院,分管口外马场。清末军制改革,把持续2000余年的马政机构合并成军牧司,但上驷院仍保留到清代才覆亡。

第二节
我国马种起源和演进

我国古代的马种改良

经过几十年来的考古发掘和调查研究,证明中国家马的祖先是野生马种蒲氏野马,其前一代为三门马,它们都曾生存于中国北方广大地区。中国南

方马种则起源于云南马，它们的化石分布在以四川、云南为中心的广大地区。

属龙山文化的山东历城城子崖、河南汤阴白营等新石器时代遗址出土过马骨。甘肃永靖大何庄齐家早期文化遗址出土的马下臼齿，经碳素断代并校正，其年代约为公元前2000年，经鉴定与现代马无异。说明当时马已被驯化和用于使役。

岔口驿马

中国历史上有三次马匹大改良。汉代引入汗血马（轻型马），比今日轻型马更重，在丝绸之路上有深远影响。唐代引入二十几种不同类型的国内外马种在西北陇西（陕西西部、甘肃南部）建马场杂交育成"唐马"。

中国古代马体一般比现代马种为高，历代曾出现过许多所谓"千里马"。春秋时卫国有六周尺（合今138厘米）以上母马（牝）3000匹。汉景帝时禁止高五尺九寸（合今135.7厘米）以上的壮年马出关，此高度正与秦始皇陵出土的陶马俑高度相等。宋代买马标准高合今130.2～145.7厘米。明代以来，由于战争的耗损和养马业的衰落，除西部少数民族地区尚保存部分善种外，中国马种呈现退化趋势。

蒙古马系统

蒙古马系统分为：

（1）蒙古马：分布在中国东北、西北、华北。蒙古人民共和国、俄罗斯东部。国内分布广，数目大，北方草原为主产区，大批流入周边农业区。是中国的主体马种，占总数的60%以上。内部又分品种及类群。短程速力不快，长程持久力好。

（2）锡尼河马：产于内蒙古东部呼盟鄂温克族的锡尼河流域，以当地马为基础，引入过多个外种与之杂交，育种方法近似三河马，但质量较差，习惯上列入原有马种当中。

（3）鄂伦春马：产于内蒙古东部鄂伦春自治旗及邻近的黑龙江省数县。品种分类属于蒙古马系统，但别具特点。是擅长登山又具雪地滑坡特殊行为

95

的狩猎用马。可供骑乘、运输缺少草料时可以以肉食充饥。

(4) 大通马：产于青海省大通、门源等县，产区是 2500 米海拔的高原牧场。大通马中多走马，有"十马九走"之说。优良个体高达 135 厘米以上。大通马与河曲马杂交得一种实用型马，体形较大，适合高原。大通马可作为藏马及西南山地马的改良用种马。

(5) 岔口驿马：产于甘肃省天祝等县，为古丝绸之路上的驿站快速通信用马，多走马，速度较快，持久力强。该马同大通马有血统交换关系。

(6) 焉耆马：产于新疆的焉耆和硕等县。属蒙古马系统，但体形较大，由外国导入。产地属天山，放牧条件好。多年在不同条件下养育，品种内部又有两个明显地方型马：山地马、盆地马。

(7) 巴里坤马：该马分布于新疆北部的巴里坤、伊吾、哈密各县，属蒙古马系统。本品种选育的同时，部分引入阿尔泰马、哈萨克马杂交。高原适应性良好，骑乘及驮用均好。产地草原广阔，建有马场。

西南马系统

西南马系统分为：

(1) 建昌马：产于四川西昌盆地，云贵高原海拔在此急骤下降，成为盆地小气候区，海拔为 2000 米左右，农业发达，适合养马。建昌马体高 114～120 厘米，为西南山地马的代表。有轻、重两型。

(2) 云南马：云南野马化石及云南马半化石的发现，说明云南是野马家化地点。云南马分布在云南西北部、东北部、南部，类型较多。云南马内部类型变异明显。

(3) 贵州马：贵州马比前几种马体形更大，类型较重。分布在安顺等县。农业区的马体略大，适合挽车用。东南部产山地马，体形较小。

(4) 百色马：产于广西百色及河池两地区。云贵高原延伸部，海拔高、多山。有石山区、土山区，二区地理差异明显，产石山马及土山马。到无山地势平坦的地区很少有马匹分布。

(5) 利川马：湖北省西南山地、利川等 12 个县产利川马。体形略大于其他西南马，亦属于西南马系。

第五章 中国古代养马业

河曲马

河曲马产于甘肃、青海、四川三省交界处及周边。为中国地方马种中的大型马，可用作种马改良的地方马种，在西北享有盛誉。它是一种特殊的马，同中国的任何马种都不相同，从而在分类上给以独立的地位，为多民族长期选育的结果。河曲马中，有少数个体高达145~150厘米，任何地方马种中见不到如此高大的马。唐代以来，在当地设多所马场，引入国内外马种杂交，可能与此有关。当地水草丰美、气候冷凉，有利于大型马的形成。这是中国唯一可以当作重型骑兵坐骑的马。

藏马

藏马产于西藏高原的3000米以上高海拔山区，包括西藏、青海、云南、四川、新疆，为跨省分布的马种。1980年，除新疆以外均进行过资源普查。来源、外形、高原适应均较特殊，为分类系统之一。在高海拔山区，乘、挽、驮均可。

哈萨克马

哈萨克马原产哈萨克斯坦，为跨国分布的马种，产地包括亚洲西部、欧洲东部，从东到西体形逐步变为高大轻快。我国新疆分布着部分哈萨克马，属低身广躯的类型。来源及外形同蒙古马有别，两者间存在杂交关系，该品种马为良好的杂交母本。

其他地方型小马种及新异个体

（1）矮马：产于四川、云南、广西、贵州等地。平均体高在1米以下，体小，外形匀称，适合山地骑乘、驮运、拉车。

（2）晋江马：福建沿海福州与泉州之间，有公路相连。公路两边分布的一种马，外形好，挽力强，不怕炎热蚊虫。产地周边是无马区，所以来源不清，暂时列入西南马系。

（3）新龙马：四川甘孜新龙县产的一种马，体形较大，四肢下部向后有长毛。属甘孜马类型。

（4）麦洼马：麦洼为四川阿坝一个地名，该马体高约130厘米，呈色深、短脚近似奶牛的体形。

（5）骡子马：见于四川白河。该马外形特殊，耳长、嘴巴尖、尻部斜，形状似骡，实际是马，有繁殖能力。

培育马种的分类

1. 大型挽马

1949年以后，农业生产及运输需要一种体力强的挽用马，渐渐地，体形过重的马不受欢迎，反映了东北、华北农业区及关中平原的畜力需要。

（1）铁岭挽马（辽宁省铁岭）。育成在辽宁省铁岭马场，分散到辽宁北部各县及吉林、黑龙江两省。铁岭为平原农区，交通方便、气候适宜、农产丰富。此种马力速兼备、挽而有速，是一种合适的大型役马及种马。曾少量出口到朝鲜，受到欢迎。

（2）吉林马（吉林通辽、农安）产于吉林中部及西部的长春、白城子、四平，为平原农业区，气温偏低、农业发达、人民爱马。1950年开始，在本地蒙古马及杂种马的基础上，引入多个外种公马杂交。标准吉林马血统为轻血25%、蒙古马血25%、重挽马血50%。从开始杂交到品种验收为25年，创快速育马记录。

（3）黑龙江马（黑龙江省中部）黑龙江省为农业大省，黑土地主要产粮区。马匹数量比辽宁与吉林省的总和还多。直至现在一部分田间作业仍使用马匹。1950年开始以蒙古马为基础，先轻后重多品种杂交，育成此马种2万匹以上。

赛马运动

第五章 中国古代养马业

（4）渤海马（山东东部）。

（5）关中马（陕西宝鸡市）关中马曾名"关中挽马"。育成在宝鸡市柳林滩马场。关中气候合宜、土壤肥沃，素为关中驴、秦川牛产区，现又多一名马种。

2. 兼用型

兼用型马种共有 5 个，大部分集中在牧区。这些地方温度偏低有草场放牧地，群牧饲养。杂交中多使用轻型马种，重挽马未参与，个别马种含有重晚马血，但不超过 25%。这类马为兼用体形，适应性较佳，速力较快，适合牧区骑乘及城市竞技用，役用亦可，但体高及挽力均不如挽用大型。金州马是例外，产于辽东半岛的金县，但饲养水平很低。

（1）伊犁马（新疆昭苏）育成在新疆昭苏种牧场，牧民参与育种。其地处天山脚下，海拔 1800～2500 米，水草丰美，汉代时即为乌孙天马产地。1942 年建昭苏种马场，购入优秀母马。这些母马为 21 世纪初以来俄侨引种杂交的杂种。又引入轻型马种杂交，引入重挽马杂交计划实施前取消。1980 年后又引入新吉尔吉斯马（1/4 纯血），快速改善体形，培育竞技马及马术马，已有 3 岁杂种马。多年来，伊犁马为牧区、农区、城市乘马、城市赛马场、马术运动提供不少优秀马匹。体形轻快优美，有一定吸引力。

（2）三河马（内蒙古呼盟）我国北方有从东到西的大草原，伊犁马产于最西部，三河马产于最东部。二马种间有共性又有特性。三河马产内蒙古东部呼伦贝尔盟。以海拉尔为集散地，主产地在三河镇及其周围。古产良马称"石韦马"。在 21 世纪初随同俄侨迁居引入俄罗斯马种及杂种，后又建小型种马场养外种马，同三河马杂交。6～7 个马种杂交、横交。1954 年在当地建两所马场，选育三河马。1955 年组织全国专家做三河马调查，出版专著。后大雁马场撤销，三河马场只留有少数核心公、母马，大部分马承包外流。现在呼盟国营牧场内仅有三河母马 3000 匹左右。

（3）金州马（辽宁金州）引入蒙古马母马，用外种轻型公马杂交。卡巴金马、盈哥鲁诺尔曼马（法国产偏挽型）作用较大。该马产地多浅山，土地贫瘠，精饲料为干玉米秸。金州马大部分散居民间，有一个小型种马场及若干个配种站。

（4）锡林郭勒马（内蒙古锡盟）内蒙古锡盟草原是有名产马区，20 世纪

60年代初在马场内开始杂交改良,以蒙古马为母本,用卡巴金及顿河公马杂交,达到理想要求后,杂种间横交固定成种。由自治区组织验收备案。这是适合群牧的草原马种,部分马输送给赛马场及乘马俱乐部。

(5) 青海乘挽马(青海门源马场) 20世纪50年代初,马匹改良潮波及青海省门源马场。该场地处祁连山北坡,草场宽广,草质良好。引入阿尔登马、卡巴金马、奥尔洛夫马杂交改良,二代杂交。因饲养条件差,二代体尺不比一代高。又导入河曲马血,取得成功。大通马及河曲马本为民间优秀杂交组合,现又导入国外马种血统。当地海拔高2800米以上,高原适应较佳,国内同样高海拔区,没有与之相类似的培育马种。

3. 山地型

在西北海拔2500米以上高原山地,以军用乘挽驮为目标,培育成新马种。比前10种马体尺较低,导入杂交外血较少,适应良好,适合在山地及草原区使用,爬山力强,持久力好。因具以上特点故单独分类为山地型。

(1) 山丹马。甘肃省山丹马场,为自汉代以来的大马场。原有山丹马虽称蒙古马,实为两千余年来延续下来的杂种马群。中华人民

山丹马

共和国成立以后,曾计划以顿河公马两次杂交育成顿河高血马以充军用,到高原放牧条件下,高代杂种难以承受。后又在顿河一代基础上用河曲公马、山丹公马回交。顿河马血统为25%,其他为国产马血。杂交引入外血是一种导入,未起到大的变化。该马全年放牧,冬季补饲草料,即放养结合,饲养条件比其他放牧马更优。

(2) 伊吾马。新疆伊吾马场,原养巴里坤马。巴里坤马为蒙古马系,混有阿尔泰马血统。因体尺不高,引入伊犁公马杂交。这是国内两马种杂交没有混入国外马血统的马。高原适应性、爬山能力均好。

第三节
古代养马技术发展

古代产马地区分布

中国古代主要养马区与近代基本一致,但传统农区因社会经济条件与生态环境的变化,数百年来马匹显著减少。

1. 西北产马区

这一地区包括古代西域,草原丰美,各族人民历来以畜牧为生,盛产良马。2000多年来即为中国主要的良马资源地。陕西、甘肃地区养马也有悠久历史。公元前约900年,非子在汧、渭之野为周孝王养马有功受封,成为秦国的始祖,秦马也因此有名。以后汉、唐时的大型国营养马场,即主要分布在这一地区。唐代安史之乱后,陇右陷于吐蕃,畜牧仍然发达。宋、明两代行茶马制度,每年从西北地区向内地输入马匹数以万计,其中也包括了唐马遗种。明代在陕、甘两省屯垦繁殖军马,又建养马场,直至河西走廊远处。清乾隆年间,设马场于西宁至嘉峪关外,伊犁、巴里坤两地马场规模尤大,还牧养由内蒙古和玉门运去的种马。

2. 塞北产马区

长城以北广大的草原是蒙古马种的古老产地。战国以后匈奴、突厥、蒙古等游牧民族在此相继兴起,拥有庞大马群。通过民族间的贸易、战争和迁移,这一地区的大量马匹自周、秦以来不断传入中原。如唐代在北边设马市,

贡马有的甚至来自贝加尔湖一带。明、清宣化、大同等边塞重镇每年向塞外市马定额达 3.4 万匹,并听任民间在边塞自由贩马。从辽、金、元到清代,察哈尔草原都是主要养马地。元朝统治期间牧马地从西伯利亚东南部经察哈尔至黄河下游,共划分为 12 个大牧区。清代在察哈尔全境组织蒙族牧民发展养马,全国军马大多取给于此。

 3. 西南产马区

西南包括西藏地区养马可追溯到春秋战国时期。汉代巴蜀商贾已在这里进行马匹和其他畜产贸易。东汉曾在四川、云南设置马苑。到宋代,西南马匹资源更受到重视。北宋到明末的茶马贸易,蜀马和以大理马为代表的滇、黔马是主要对象。西南马适于山区生态环境,不乏名贵良马,但作军用多不及北方马。据《桂海虞衡志·兽志》记载,南方所产"果下马",高不逾三尺,以广东德庆所产最佳。

 4. 关东产马区

东北地区也是中国历史上的重要产马地。春秋、战国时的东胡及继起的鲜卑、乌桓,都是骑猎部族。鲜卑东面嫩江、松花江流域的扶余人以营农为主,也产名马。契丹、女真族先后建立辽、金后,曾设有宏大的群牧组织。辽国养马达百余万匹,金世宗时仅 7 处群牧所养马达 47 万匹。明永乐年间设马市于辽东等地,收购来自松花江至黑龙江一带的马,并设立辽东苑马寺主持养马。清代早期也在东北设立马场,但养马业显著衰退。后因大量移民关外垦殖,迫切需要畜力,养马业又有发展,东北三省成为近百年来全国马数最多的地区。

 5. 中原产马区

中原自古车骑驰逐,养马之风颇盛。春秋、战国时期养马成风,后曾一度衰落。草原民族南迁,又使中原畜牧复盛。但因引入大量蒙古马种,使原有马种逐渐消失。山西雁门关为塞北马种入口地,唐代在河东(今山西)设有牧监,马产甚蕃。北宋牧监主要分布于中原地区,全盛时多达 14 处。但有些牧监已和种植业发生矛盾,经营又欠善,以致有衰落趋势;但从辽、金、元各代在侵入这一地区后长期征掠马匹数量之多看来,民间养马仍很可观。

第五章　中国古代养马业

北宋王安石的保马法，明代的官马民牧，主要都在这里推行。直到清代禁止民间养马，加之人口日繁、牧地不足，中原养马业才一蹶不振。

 6. 东南产马区

中国素有"南船北马"之说，东南地区养马业不发达，但也并非绝对不宜养马。如春秋末期长江下游的吴国因战车需要，马匹一度发展很快。自唐至宋代，都曾在南方浙江、福建、江西、湖北等地建立养马场。明初在江淮之间和苏南地区兴办牧监达14处，在中国南方历史上是盛况空前的。

马匹用途的变化

养马最初是为了食肉。殷代曾用马作祭品。《穆天子传》记载周穆王西巡时，青海一带部落曾献"食马"。后因马在军事、驿运等方面的重要性，不再用作祭品和殉葬品，而且严禁宰马。据《周礼·夏官》记载，周时马的主要用途可分为供繁殖用的"种马"、供军用的"戎马"、供仪仗及祭典用的"齐马"、供驿运用的"道马"、供狩猎用的"田马"和仅可充杂役的"驽马"6类。按周代制度，仅周王可同时兼养6类；诸侯不许养前两类，大夫只许养后两类。这种约束到春秋时期才被冲破。

关于各种马匹用途的起源和演变，据《周易·系辞下》和唐《通典·礼》记载，黄帝、尧、舜时已发明马车。殷墟出土的马车构造已颇完备。殷、周时马车普遍用于车战、狩猎和载运。马耕的起源可追溯到先秦。汉《盐铁论·未通》说，汉代"农夫以马耕载"，同书《散不足》篇又说："古者"马"行则服扼（轭），止则就犁"，当系事实。骑马始自何时，尚难确认。但把它广泛应用于生产和战争，无疑始自北方游牧民族。战国时中原各国为了对付北方骑马民族，纷纷改战车为骑兵，赵武灵王"胡服骑射"即其先例。驿马的地位历来仅次于军马。因古代陆上交通主要靠驿站，而无论驿骑或驿车都离不开马。春秋时已有驿，

唐代彩绘打马球女俑

103

至汉、唐更发达。唐代每30里置驿站，每站备马8～75匹不等。元代靠驿运联系各汗国，《马可波罗游记》称每驿站有马20～400匹，全国共有驿马30万匹。此外，马还被用于运动。在反映北方游牧民族生活的内蒙古狼山地区岩画中，已有马术表演的形象。在中原，马术始见于汉代宫廷娱乐，至唐代空前发达，出现了马背演技、舞马、赛马等项目。打马球起源于西藏，在唐代宫中盛行，迄明代发展成为一种军事体育运动。至于马乳饮用，则自古通行于草原民族，秦汉时传入中原。汉宫中设专官和匠工制成马乳酒，供皇室饮用，后传至民间。因其味甘，为古代医学家所推崇。

养马技术的发展

中国传统养马技术内容丰富，远在西法传入前已长期应用于民间，成效卓著。除不少已失传者外，主要有：

（1）相马术。春秋时伯乐、九方皋等相马名家辈出，并著有《相马经》。汉武帝时依大宛马铸"金马"为良马式立于长安。东汉马援著《铜马相法》，并铸立铜马模式于洛阳宫前。此后千年续有相马著作问世，如唐人撰写、明代改编的《相良马宝金歌》等。

（2）阉割术。

（3）饲养、繁殖与调教法。战国军事家吴起对先秦养马曾有总结性的阐述。北魏《齐民要术》指出养马要"食有三刍，饮有三时"，也为后世所师法。在马的繁殖方面，唐、宋时已采取直肠妊娠检查法，并有登记申报制度；明代又有发展。北方和西南少数民族对良马的控肥法和调教法很有特色。蒙族发明的套马杆以及西北地区的绳圈捕马法等，迄今仍在应用。

（4）马种改良。汉武帝时从西域引入大宛马、乌孙马等，除供御用外，主要作种马。从汉末到隋、唐，续有西域良马输入，包括大宛马和波斯马，又有塞北草原部族的各色贡马，经过杂交，使唐马益壮。现在的河曲马和祁连山南北的地方品种就是唐马遗种。

中国古代养羊业

依照古代的产地而论，我国北方多半是对绵羊而言，而在南方主要是山羊。更因为绵羊是牧区或高原地带在不同的社会里从事畜牧生产者衣食生活所最必需的，所以更显出它的重要。在原始畜牧业中，这两种家畜是最早已同时并存的，而在多灌木林的山区，无论南北，山羊更适于生存，而且很可能比任何家畜先被驯化。

第一节
古代中国的山羊和绵羊

自古以来，我国已有许多绵羊和山羊地方品种，它们大多仍保持原始状态，论羊毛的产量和质量，确有待改良，以符合时代的要求。但也具有可贵的经济利用特性，而且历史较清楚，也有同时保存其中一些可贵原种的必要。有了这些种质，并使其选育提高，这更能有效地进行改良育种，而且可长远保留我国品种资源的特点。如何使保存和改进二者并进，而不是一谈到"改良畜种"，就采取放任的杂交办法，时间一久，势必将丧失我国国有的良种。

多年来，往往以绵羊的羊毛生产性能作为品种分类的主要依据，而对山羊以产乳和皮用为主做出分类，至于肉用价值的地位好似只作为兼用而不是以肉用为主的养羊生产效益，这显然完全是国际通行的概念。我国养羊自昔日即以取其毛、屠其肉为目的，在牧区更视之为相当于粮棉兼而有之的富源。

中国文字有很多用从羊旁的字表示美好的意思，例如善、美、羲、祥等等。古人创造这些字显然因为绵羊是家畜中最温驯的，或是肉味嫩美。

一直到春秋时代前后，专指绵羊和山羊的名词才见于载籍，但在古代对这些文字又有不同的解释。《尔雅》为此作了最早的说明："羊牡羒，牝；夏羊牡羭，牝羖。"这里所说的羊是指的绵羊，夏羊是指山羊，而且因性别各有专名。

古文献中凡是单指的羊，在北方大体上可以认为是指绵羊而言，而山羊必已杂在群中。

遍于四方的山羊

在产绵羊的地区一般都有山羊，而山羊的产地在我国未必也有绵羊，这

第六章 中国古代养羊业

是因为山羊有较顽强的环境适应性。山羊的数量在全国虽不及绵羊之多，但自古它已遍布四方，不仅利用其乳肉和毛皮，而且在古代还有过用山羊驾驶人坐的"羊车"。例如《晋书·武帝纪》说：司马昭"常乘羊车恣其所之……宫人乃取竹叶插户，以盐洒地，以引帝车"。又有文天祥的《咏羊》诗："长髯主簿有佳名，羵首柔毛似雪明。牵引驾车如卫玠，叱教起石羡初平。""有幸舍身怜饿狼，天公有道弱臣强。惜生利角偏无志，徒献皮毛聊作装"。在民间也有装上头络，供儿童当马骑的。例如宋代黄鲁直戏答张秘监馈羊诗："细肋柔毛饱卧沙，烦公遣骑送寒家。忍会无罪充庖宰，留与儿童驾小车。"这些都可证明，中国的山羊原来已是体格健壮而又机敏的家畜。

山羊

古书一般说的羊必包括山羊在内，如前述。《越绝书》上所指的羊，很可能以山羊为主，尤其是《尔雅》郭璞注，把吴羊解释为白羝，似乎更可肯定是山羊。古字书中的"羱"字，如在《广韵》和《集韵》均把它解释为"山羊细角者"。根据日本历史的记载：吴越人陈承勋来献羊，时在我国唐朝开泰二年（935年）。这似乎是当年苏浙人民东渡通商带去的山羊。直到18世纪在日本仍把山羊当作珍贵瑞祥的动物，可能由于中国古有"三羊（阳）开泰"的传说，以示吉庆的象征。在《清波杂志》卷二记载，南宋时代在今杭州还有专用的"乳羊"，这必然是指的乳用山羊。

在岭南地区也早已有了山羊，在这亚热带气候的南方，显然不适于绵羊的繁殖。南粤王尉佗原是秦始皇派去的，到汉文景时代，尉佗上书内附，即指出当地出产牛羊。《南越书》还记载："尉佗之时，有五色羊以为瑞。"广州至今尚有五羊城或羊城的古称，似乎与这方面的历史很有关，因广州地区背山近海，就宜于养山羊。唐代刘恂《岭表录异》说："野葛毒草也，俗呼胡蔓草，误食之，则用羊血浆解之……山羊食其苗，则肥而大。"所谓羊血浆，必然也是采自山羊的血。南宋范石湖《桂海虞衡志》说："花羊，南中无白羊，多黄褐白斑，如黄牛；又有一种，深褐黑脊白斑，全似鹿。"这必然也是指的山羊。

107

山羊的品种

山羊的数量虽次于绵羊,但在南北各地没有绵羊的地区,也适于繁息,极易饲养,其经济利用价值更有其特点。一般均具有兼用性质,也是肉和皮革的资源,只是对这种家畜的饲养管理不够重视,多数有退化的趋势,但在全国范围内仍可找到不少有经济价值的地方品种。

1. 中卫山羊

这是产于宁夏的裘皮用山羊品种,由于长期不重视这一种地道的猾子皮产品,一直到20世纪50年代通过有计划的选育,才保留这一优良品种。其中心产地在中卫和中宁两县以南的固原地区,而以所产的二毛皮驰名,堪与滩羊二毛皮媲美。

中卫山羊生长在相当于滩羊的环境中,公母羊均有角,而以公羊角较为粗长。被毛白色,可区别为内外两层,外层的长毛,纤细有光泽,而且具有类似安哥拉山羊的波浪形弯曲,形成花穗,十分美观;内层是绒毛,柔软光润,相当于克什米尔山羊绒,真是兼备世上两个珍贵品种之长处。体躯较狭,四肢矮,公羊体重45~50公斤,母羊30~85公斤。

2. 济宁青山羊

出产于山东省济宁、菏泽两地区,是有名的猾子皮产地,而以菏泽地区产量最多,济宁是集散中心。该猾子皮有青、黑两类,在50多年前,青猾子皮山羊所占比例只有济宁山羊的1/3,目前几乎全部成了猾子皮的青山羊品种。

济宁青山羊头短而宽,公羊有较长的卷毛,角粗壮,断面是三角形,向后上方弯曲,母羊角细长梢向后外方伸展,耳向两侧伸开。被毛是黑白混生的青色毛,并具有"四青一黑"的特征,即被毛、嘴唇、角和蹄青色,前膝呈黑色。体格较小,生长较慢,这与过早交配有关。

3. 蒙古白山羊

这是蒙古山羊系统中的优良类型,分布遍及内蒙各盟旗,并散布到华北各省，尤以巴彦淖尔盟中后联合旗一带出产的白山羊品质为全区之冠。该羊体大肉多，被毛长 20～35 厘米，毛色乳白或黄白色，富有光泽，内层的绒毛细而密。公母羊都有角，扁平向后上方弯曲，耳向两侧展开，体躯较长，尾向上翘。体重平均公羊 42 公斤，母羊 29 公斤，成年羯羊有达 70 公斤。每年剪春毛一次，伴之以抓绒。母羊有良好的繁殖力和泌乳性能，有些母山羊除哺乳外，还能挤乳 1 公斤。

4. 雷州山羊

产于雷州半岛，是代表我国亚热带地区的山羊品种，当地有常年浓郁的灌木林和草地，能全年放牧。

雷州山羊被毛黑色，角和蹄黑褐色，也有少数毛色为麻色和褐色，公羊角粗大，向后上方并向两侧开展，母羊也有角，全身被毛短密而光润，无绒毛。按体型可区别为矮脚和高脚两类型，高脚种腹部紧缩，多单胎；矮脚种骨骼较细，乳房发达，多双胎，有的能一产五胎。生长快，不择食，成熟较早，初生体重 2～2.5 公斤，两岁时公羊平均体重 49.1 公斤，母羊 43.2 公斤，成年时可达 65 公斤，一年可产两胎。

当地养山羊以屠肉为主，经过肥育的羯羊，肉质优良，也是制革原料，而且以羊粪为肥料，每年一头羯羊平均可积粪 400～500 公斤。尚无挤乳习惯，似可朝这方向发展。

5. 成都麻羊

原产于成都平原地区，茂汶、汶川及西部山区亦有分布。1959 年的调查，约有 4 万只，具有奶山羊的体形，也是皮肉兼优的品种。近年来麻羊的数量已大为增加，全身被毛光润，呈红铜色（深褐），故有铜羊之名。自颈部沿背椎至尾有一条黑色纹带，或与肩部前缘至前肢下部的黑纹带构成"十字架"形，以及头部亦有此纹是其特征。

公羊前躯较高，体重平均 40.1 公斤，母羊后躯较高，平均体重 30.6（22.1～58）公斤，乳房发达，乳头朝向前方，能日产乳 2 公斤，乳脂 6.8%。公羊角短粗，角尖向外下方，母羊一般角较小，向后上方，耳直前倾，蹄色黑。

山羊皮是四川出口的大宗，其中以麻羊的皮板品质尤佳，面积大，甲级皮多达85%。产于大邑和邛崃二县的麻羊经过调查，最大体重公羊65公斤，母羊63公斤。

6. 槐皮山羊

以河南省东南部的周口和驻马店二地区黄淮平原为原产地，也是该省出产大宗板皮的良种山羊，因中心产地沈丘县（旧名槐店）所产的板皮最佳，在对外贸易上很受欢迎，故有"槐皮"之称，说它属于一种皮用山羊亦不为过。

槐皮山羊一般均有角，并向上后方弯曲，有少数是无角山羊，绝大多数是白色的细短毛。以产区北部诸县所产的体格较大些，体重一般在20公斤左右，个别公羊可达50多公斤。繁殖力强，多双胎。肉质亦较佳，板皮的厚薄均匀，富于弹性，脱毛后制成的皮衣，久用不起皱褶。

由于性成熟早，有的在三月龄便听任自由交配，显然这是造成品种退化的重要原因。

7. 海门山羊

在扬子江海口北部几县，即今南通地区广大农村，是江苏省饲养山羊最多的地方，海门山羊主要是因为上海市场上以其山羊肉脍炙人口而得名。除海门县外，南通、启东等县以及崇明岛各地也广为分布，在滨海沿江各地的山羊实际上也是同一品种。也有叫它为南通山羊。

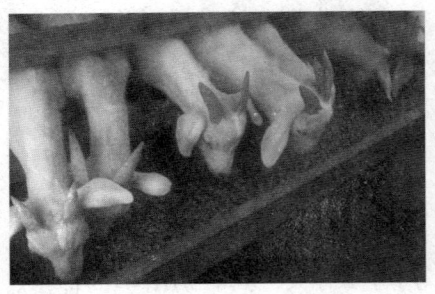

海门山羊

苏北滨海各县的山羊，显然是将近1000年来随同开垦海涂后的农业生产从外地带入繁殖开来的。

该山羊不论性别均有角，毛色洁白，体重成年公羊30公斤，母羊22公斤。属于皮肉兼用型，尤其是山羊毛为很好的制笔原料，也是全国笔料毛的主要产地之一。有较高的滋生力，经产母羊甚至有少数能一产4～6只。

在南通地区农村，母山羊亦如母猪阉割，施术尤为精巧，以备肥育，连皮的屠宰率一般在45%左右。

第六章 中国古代养羊业

 8. 克什米尔山羊

这是一种绒用山羊,素为国际市场青睐,原产于西藏高原和喜马拉雅山的北麓。所以称它为克什米尔山羊,则是早年英国殖民者侵略印度后,在克什米尔地区发现这一珍贵品种,于是才有此名传入西方。

该品种被毛白色,粗毛被覆全身,长约 12 厘米。其底层的绒毛柔软纤细,具有丝光,长度 2.5～9 厘米,细度达 90～120 支,每头抓绒量可达 0.45 公斤,是高级毛纺织原料。可惜数量有限,还待进行深入的调查。

此外,还有河北省长城南北的无角山羊,出产于遵化和承德等市,这显然也是同一特异的品种。另有辽宁省的白绒山羊,河北省的武安山羊,湖北省的马头山羊,以及广西的都安山羊,其他各省也有许多别的山羊品种,各有其特点。由此可见,山羊在我国分布之广甚于绵羊。

 **绵羊的品种**

我国现有的绵羊地方品种已不下十多种,一般来说,中国绵羊主要有蒙古羊、哈萨克羊和藏羊三大系统,并由此派生出若干亚型式类群。

 1. 蒙古羊

是我国绵羊数量最多的一个品种,在整个北方各省(区)分布甚广。由于千百年来草原生态环境的改变,昔日的沙漠绿洲或水草丰美的牧地,因风沙侵袭变成荒漠和半荒漠,以致牧羊所依赖的自然环境发生显著的差异。同是在牧区,长期以来终于形成各适其所的不同类群,它们的体格、体质和生产性能(主要指毛质与繁殖力)就有显著的差异。一般而言,在牧区受着自然选择为主的作用,如在呼伦贝尔盟和锡林郭勒盟的某些旗内丰沃的草原上,必然体格强大,毛质和繁殖性能必胜于其他半荒漠或在不良环境中放牧的绵羊;纵然在半农半牧区,如果牧地草生长不良,加以自然灾害,特别是经受每年艰苦的越冬,难免使其种质退化。

蒙古羊一望即知,即鼻梁隆起,耳有大小二型,大耳型的下垂,居大多数,小耳型的直立。头部乃至颈肩部多黑色或褐色,毛色全白的不多,公羊角一般呈螺旋状,或粗短而弯曲,母羊多半无角或仅有角痕,躯干较

长,胸廓发达,四肢细长,为小型的脂尾羊,在原察哈尔盟和张家口地区的绵羊即如此。蒙古羊的尾型有其特点,一般呈半圆形,尾尖向上弯,或垂直变细,尾长大多20~26厘米,有的达32厘米,宽度以11~14厘米居多,尾重0.44~1.37公斤。各地蒙古羊的体格大小悬殊,特别在越冬后体重大为削减。

羊毛属于粗毛型,成年羊全年剪毛量一般只有1~1.5公斤,长度一般6~7厘米,多两型毛,而富于弹性,尤适于织地毯。产肉量较低,唯有长上秋膘后有的高达50%的屠宰率。

在广大的西北地区,不论有无蒙古族的地方,也多蒙古羊,其中有的已与邻近的哈萨克羊或藏羊混血,凡具有特殊特征的这些羊种,未必统称为蒙古羊,也可当作其分支或变种。例如永昌伏羊,即与蒙古羊和藏羊相似,但角型较为复杂,此外内蒙古的呼伦贝尔黑绵羊,也是一个有希望成为羔皮用的品种。

 2. 哈萨克肥臀羊

哈萨克羊是独立于蒙古羊的古代西域的肥臀羊品种。其原产地是自古在北疆广大的草原上,生活习性却和蒙古羊相似,更与哈萨克族的分布及生活密切联系在一起。主要出产在新疆天山的高山草原,并且随同哈萨克族的散布到广大的西北牧区,在青海及内蒙古西部也有其足迹,但目前除新疆外,已不称它为哈萨克羊,或称为蒙古羊的变种。

阿勒泰肥臀羊是保存至今的中国典型的肥臀型绵羊,主要产在新疆北部阿勒泰地区,目前常因产地而有海福或阿勒泰大尾羊等名称,因分布在新疆哈萨克自治州,曾通称为哈萨克羊。其特征即在肥臀,不同于肥尾型,因脂肪主要储积在臀部,并向后方积满而下垂,形成成对的两大瓣,尾部被其覆盖,一望好似肥尾,其重量可达10公斤以上,因在良好的草地上生长,体格一般大于蒙古羊。根据北塔山牧场的调查资料,角型并不很整齐,肥尾宽大,呈W形,秋后重者可达12~16公斤。体重在四月龄即达35~45公斤,成年羊63.5~95公斤,平均83.36公斤;母羊45~70公斤,平均64.96公斤。夏秋剪毛两次,公羊合计平均产毛2.6公斤,母羊产毛1.9公斤,屠宰率约49%。经过若干年的选育工作其质量已有明显提高。

从角型、毛色等特征的观察分析,可证明这一古老品种早已经与邻近的

第六章 中国古代养羊业

其他品种混血，而保留着肥臀的肥臀遗传特性，今后很有必要通过选育，保有这一特点的品种。从体重来看，可以说是在中国地方绵羊品种中最大的一个肉用型品种。

 3. 藏羊

西藏绵羊的简称，藏族人民所在地是其主要产区，除以青藏高原为原产地外，并扩散到甘南及四川阿坝地区。在云南西北部到贵州威宁地区也有它的足迹，或是藏羊的一个支系与变种。古代羌族的羊群实际上就是今日西藏绵羊的祖先。论数量之多，仅次于蒙古羊，它是处在世界上海拔最高的高寒地区的一个特有绵羊品种。

藏羊的特点是它的顽强性，一般有草地型和山谷型二类的区别。应以草地型为代表，其体格较大而结实，公母羊均有角，呈细长螺旋状，并向两侧伸出或略朝向前方，而以角尖向外，被毛粗长，常结成发辫状；山谷型的藏羊体格较小，全身白毛，头部呈褐色，尾细长，呈圆锥形。躯干较长，四肢细长而劲健，善于登越。在青海三角城羊场的羊群，体重平均公羊50.8公斤，母羊40.3公斤，最大体重达70.5公斤。毛粗长，剪毛量平均公羊1.42公斤，母羊0.85公斤，最多2公斤。在青海省的藏羊，主要分布在青海环海各地区各族自治州，有草地型和山谷型之别。也有黑毛藏羊，产于青海省。这也是西路黑紫羔皮的主要来源。

羊毛品质是藏羊的另一可贵特点，虽属粗毛型，含有两型毛（混有无髓和有髓毛）约达46%，绒毛约38%，粗毛一般不过10%，尤富于光泽和弹性，毛纤维很长，是极好的织毛毯和地毯的原料。藏羊毛从来大多在西宁市集散，西宁毛因此闻名。

 4. 滩羊

分布在宁夏黄河滩地及邻近陕甘的半荒漠干旱草滩地区，而以盐池、同心二县产量最多，以二毛皮（滩皮）出名。养羊历史可追溯到隋唐时代的盐州羊牧，这是1200百年前在西北已设立的国有羊场，而且不仅限于一处，所产裘皮在宋

滩羊

明各代已是著名的贡品。

在贺兰山脉以东的宁夏地区,气候环境尤宜于牧羊,滩羊是蒙古羊的一支,长期以来终于有别于蒙古羊。其毛色白色,往往在头部及肢端有黑褐色斑块或小点。公羊角粗大,呈螺旋形弯曲,角尖大多向外延伸,母羊一般无角。为长脂尾型,有些尾尖呈 S 状或钩状弯曲。体格亦比蒙古羊大,公羊体重一般 45 公斤,有达 55 公斤,母羊约 35 公斤,可春秋剪毛两次,年产毛量公羊一般 1.5~2.6 公斤,母羊 0.7~2 公斤。

5. 同羊

同羊享有"卧沙细肋"的盛名,而以产于陕西省原同州地区而得名。产区限于以今大荔县为中心的几县农村,现有数量虽不多,却是我国固有的具有半细毛型的优良地方品种。

同羊的主要特征是肥尾型,尾大能垂近地面,在良好的饲养下,尾重多数约 10 公斤。尾尖形状不一,或卷向上方。被毛全白,均无角,耳较大,垂于侧方,体重与滩羊相近或过之。但繁殖率低,多单羔,可能与过大的肥尾不便交配有关,配种往往需要人工扶助。

同羊原以肉用出名,实具有毛肉兼用的品质,全身绒毛比重甚高,几乎没有死毛,毛长约 6~7 厘米,年剪毛量约 1.5~2.5 公斤,细度在 50~60 支,亦适于裘皮用

6. 寒羊

主要分布在河南省和鲁西南地区,并扩散到徐州地区及河北省南部的广大农村。因肥尾的大小,一般区别为大尾和小尾寒羊两型,其实可当作两个不同的品种。大尾寒羊应认为是西北大尾绵羊推广到中原和华北的结果,更与同羊有血缘关系。由于与古代中原地带固有的绵羊、蒙古羊不同程度的杂交,脂尾较小,于是形成小尾寒羊,因此也可说成蒙古羊在华北的变种。

大尾寒羊的体躯较短,四肢粗短,脂尾与同羊相似,几乎垂近地面,并由此过渡成较小的尾型。公羊均有螺旋状角,母羊有短角或仅有角痕,毛色以白色居多,并在头部及四肢散有暗色斑点。体尺一般以小尾寒羊较大,体重公羊一般 45~60 公斤,高的可达 75 公斤以上,母羊平均 38 公斤,有的将

第六章 中国古代养羊业

近60公斤。大尾寒羊稍逊于前者,可见寒羊的体格比国内其他品种大。小尾寒羊有很高的繁殖力,这些都与农民长期的精心饲养管理有关。

7. 湖羊

湖羊其产地在太湖四周各县,主要饲养在浙江杭、嘉、湖三地区,苏州及无锡一带也有分布,其数不多,近几十年来有很大的发展。

湖羊均是全身白毛,偶有在头部及肢端部有褐毛斑点,面部长狭,耳大而垂。江苏省常熟、江阴诸市还有耳朵（耳壳）退化的小耳绵羊,这可能是一种突变结果,也混称为湖羊。公母羊均无角或仅有角痕,体躯偏窄,背腰平直,后躯较高于前身。尾型类似蒙古羊和小尾寒羊,体重因饲养条件而悬殊,公羊一般在45公斤上下,在杭州郊区,在30年前曾见有一只体格强壮的公羊,其体重至少有80公斤,而且有较密的细毛,这类公羊绝非个别,可惜未利用于选育。母羊多数约40公斤,优秀的母体可达约70公斤,由于饲料供应紧张,体尺与体重近年来却在降低,而且多数用于杂交。

在历史上,湖羊原是为了积肥和屠肉,产区羊肉普遍,特别是杭州等地的自切"荷包羊肉",价廉物美,宜恢复这一大众化风味才是。

第二节
古代羊的饲养与管理

自古以来,养羊以成群放牧为主,除非是准备屠宰和农家饲养少数的羊只。凡水草良好的地方都是养羊的好环境,因此有关牧羊的方法,基本上和牧牛相似,古今相同。

名人牧羊

在畜牧生产中，最辛苦的莫过于在原野上终年放牧的生活，这是一般人所难以想像的。特别是牧羊，更容易遭遇狼患兽害，也因为羊太驯顺了。没有牧羊人的卫护，若又逢天时剧变，在冰天雪地，必将死亡相继。

但在我国历史上，牧羊和牧猪却受到轻视。自古一提到养羊的成功史迹，首先总要谈到卜式，千百年来他与伯乐相马、宁戚饭牛同样为后世所赞美，据说还留下《卜式养羊法》。其实，由牧羊出身的历史人物，何止他一人。

卜式是一位以养羊出名的实践者，而且因养羊致富，成为汉朝济贫爱国的杰出人物。纵然在他晚年被汉武帝赏识，高官厚禄，当上御史大夫等要职，成了上层的统治阶级，毕竟他是在那个历史社会里由生产起家的，所以和他同时代的司马迁在《史记·平准书》中公正地给卜式以很高的评论，而和桑弘羊等名臣并列为汉武帝朝的台柱人物。汉班固《汉书》为其立传：

"卜式，河南人也，以田畜为事。有少弟，弟壮，式脱身出，独取畜羊百余，田宅财物尽与弟。式入山牧，十余年，羊致千余头，买田宅，而弟尽破其产。式辄复分与弟者数矣。时汉方事匈奴，式上书，愿输家财半助边，上（汉武帝）使使问式，欲为官乎？式曰：自小牧羊，不习仕官，不愿也。

"初，式不愿为郎。上曰：吾有羊在上林中，欲令子牧之。式既为郎，布衣屮跻而牧羊。岁余，羊肥息。上过其羊所，善之。式曰：非独羊也，治民亦犹是矣，以时起居，恶者辄去，毋令败群。上奇其言，欲试使治民。拜式缑氏令，缑氏便之；迁成皋令，将漕最。上以式朴忠，拜为齐王太傅，转为相。"

卜式养羊决不是经过十多年由百余头，才增加到千余头，若照这样的增殖率，根本不算什么成功，由《卜式养羊法》也可证明，这应视为历年将其汰除变卖，到最后仍有千余头。当汉朝正值与匈奴战争紧张之际，一般豪富却匿财避难，卜式却几次向国家捐输，周济流亡失所的边境人民，而且他主张抗御还击外患、保卫国土。

除卜式之外，还有不少出身于牧羊或牧牛成长锻炼出来的历史人物，他们或在边远地区从事畜牧，除猗顿等人外，与卜式同时代从养牛出身的有公孙弘等人，他们都是在不同历史条件下有贡献的人物。苏轼牧羊的故事，千百年来，更是有口皆碑，成为彰显民族气节的标志性事件载入史册。晋代的

第六章 中国古代养羊业

博物学家张华,范阳方城人,从小孤贫,以牧羊为生,终于写出中国第一部《博物志》。同期,如经史学家王育,少年时代也是过的孤儿生活,佣为牧羊童,"有暇折蒲学书,忘而失羊,为羊主所责,育将鬻己以偿之",幸有同郡许子章,闻而嘉之,代育偿羊,给其衣食(《晋书·王育传》)。这样的事例在此不多列举,只是说明有智慧的人很多没有受出身贫贱所限制。

羊群放牧和饲养管理

在原始社会里,虽是黄河中下游流域,也有一望无际的草原荒野。如《史记·五帝本纪》正义引述:"梦人执千钧之弩,驱羊数万群,"于是黄帝在大泽找到名叫力牧的人,由他担任大风暴中的牧羊重任。这虽是一段神话,但也可反映出在遥远的古代社会里牧羊是何等艰苦。这和《诗经·无羊》一章的牧歌所形容的情景就截然不同了。《诗经·王风·君子于役》指出:"日之夕矣,羊牛下来。日之夕矣,羊牛下括。"这是描述在太阳西下时,羊先归,牛则随后而来。《庄子·达生篇》引田开之见周威公说:"善养生者,若

羊群放牧

牧羊然，视其后者而鞭之。"这虽是寓言，而最末一句话足以证明古代牧羊早有了约束羊群的一套方法。《淮南毕万术》还指出："狼皮当户，羊不出牢，羊畏狼故也，取狼皮以当户，则羊畏不敢出矣。"这已是汉朝养羊的经验。由此可知，当年养羊或兼行舍饲，或在牧地有棚圈的设备，而不是都采行全年放牧的方法。

在唐朝以后，显然更有了一些饲养管理的制度，犹如养牛马那样。在《唐六典》中就养羊也指出，即凡由外地群牧中选送到京的羊只，采取舍饲，以便育肥供肉用，并规定每二十只羊改由一人担任饲养，而且有很充裕的蒿秆和青刍作为粗饲料，每只羊给菽豆一升四合，盐六勺，有青刍时期，蒿秆和豆类减半。此外，在牧羊场已打烙印于羊的臀部，而且有割羊耳的制度；屠宰牛羊每月有一定的日期限制，凡有孕的母畜，就不准屠宰，这些制度都可以反映出当时养羊早有了一定的管理水平。

羊的选种和繁殖

羊是繁殖力较强的草食家畜，但在草原环境里大群牧羊，因受自然界的限制，主要由自然选择而生息。随着农业的发展，养羊也重视选种，所谓人工选择实际上早已开始，否则不可能有今日那些繁殖力强的地方良种。

古代的阉割术和有目的地进行饲养，这些都和选种很有关系。羊的去势，绝不至于比牛马去势晚。就《齐民要术》总结前人养羊的经验，一开始就首先重视选种（选择）问题。

"常留腊月、正月生羔为种者上，十一月、二月生者次之。（非此数月生者，毛必焦卷，骨髓细小，所以然者，是逢寒遇热故也，其八、九、十月生者，虽值秋肥，然比至冬暮，母乳已竭，春草未生，是故不佳；其三、四月生者，两热相仍，恶中之甚；其十一月及十二月生者，母既多乳，肤躯充储，草虽枯，亦不羸瘦，母乳适尽，即得春草，是以亦佳也。）大率十口二羝，（羝少则不孕，羝多则乱群，不孕者必瘦，瘦则匪惟不蕃息，经冬或死。）羝无角者更佳。（有角者喜相抵触，伤胎所由也。）拟供厨者，宜剩之。（剩法：生十余日，用布裹齿脉碎之。）"

从上述产羔的月份，即可知其配种季节（一般比产羔早五个月计），亦即中国的绵羊早已不是限于某一季节才进行繁殖的。假使以寒冬早春所产的羔留作种用，即应在阴历八、九月配种，此际正值羊群膘壮的时期。其次是七

第六章 中国古代养羊业

和十月配种所产的羔,其余月份便很差。由这些经验证明,秋配胜于春配,并且科学地说明其理由,特别是关于气候和营养等生活环境的作用。《齐民要术》还说:

"寒月生者,须燃火于其边。(夜不燃火,易冻死也。)凡初产者,宜煮谷豆饲之。白羊留母二三日,即母俱子同牧。(白羊性狠,不得独留,并母久住,则会乏乳。)殺羊但留母一日。寒月者,内羔子坑中,日夕母还,乃出之。(坑中暖,不苦风寒,地热使眠,如常饱者也。)十五日后,方吃草,乃牧之。"

以上明确指出,严寒期间很重视接羔和产后对母羊的护理,因此采取产室内的保温取暖。绵羊在生后两三天留在圈内,山羊经过一天,就可带羔放牧。这里更指出,绵羊和山羊母性行为的差异,不能一律看待初生羔羊。尤其是置羊羔在坑中的取暖方法,相当于现代的"温室育羔"法。除上述外,《齐民要术》还有其他可贵的经验总结,并认为:"羊羔六十日皆能自活,不复藉乳。乳母好,堪为种者,因留之以为种。"把腊月和正月以外所生的羊羔去势后出售,亦即对选种问题做得很严格。

明朝有一部假托古人之名而在江南出版的《陶朱公致富奇书》,总结出养羊的好经验,包括选种与饲养的密切关系:

"养羊之法,择种为先,相时种子,不可不讲。倘徒赖刍草为喂料,则下种不宜太急,须待细草丛生以后,诞生小羔,俟其断乳,草已鲜苗,不虞缺食矣。凡羊方字乳时,母羊复孕,则所生小羊,非瘦即羸,此择种豢种之要诀也。至于喂养草料一节,凡牧场陈草,不宜令其多龅,即遇肥鲜草,亦宜食之有节,不可恣其咀嚼,致令过饱,碍其胎孕。故牧羊者,宜时时迁地为良,不可株守一二亩草场,遂以为羊已充牣矣。果其喂养得法,则羊身肥泽,毛色亦佳,价值必增十倍。"

可爱的小羊

上述的一段文字主要是总结太湖地区早期的养羊经验,其理亦适用于北方农村。所谓"相时种子",是要

119

求根据适当时节配种。也指出放牧和饲养相结合，而以早春产羔为宜，并不主张在哺乳期交配，显然是为了减少或避免产生秋羔。该书也和《齐民要术》一样采取一比四的配偶比率，但就《沈氏农书》所说："养饲羊十一只，一雄十雌。"这就提高了一倍半，适合当时的江南养羊环境。而在西北地区，正如《豳风广义》指出：一只公绵羊配一二十只母羊，到春季可增加母羊到五六十只。这完全决定于所采取的养羊方法，因春季北方的羊群大多不交配，公羊实际上是起的带群作用，发情母羊较少，因此母羊数可增多。在内蒙古草原上，如《夷俗记》所说：

"羊之羔，一年一产，产于春月者为佳，羊有一年再生者，然秋羔多有倒损之患，故牧羊者每于春夏时以毡片裹羝羊之腹，防其与牝羊交接也。"

这是明朝萧大亨在今内蒙古一带的见闻，不是指的西南"夷"族地区。羊群的繁殖大体上也和前述的在同一季节，只是有早迟之别，实亦各地气候的不同。尤其是为防止产生秋羔，还采用了毡片阻止交配的方法。

中国古代养禽业

我国饲养家禽具有悠久的历史,古代劳动人民在驯养家禽方面极大地发挥了他们的聪明才智,取得了重大成就,为世界养禽业的发展做出重要贡献。养禽业的发展,不仅可表明人民生活水平的提高,也标志着经济、科技和社会文化发展的水平。本章全面回顾了我国家禽饲养的发展历史。

第一节
中国养鸡史

研究证明，鸡与鸭、鹅是不同属的家禽，无论国内外，一般皆以鸡为主要家禽，甚至于在国外市场即称鸡蛋为蛋，这说明世界上养鸡最为普遍而且养鸡的历史也最悠久。鸡，家喻户晓。古人称鸡有五德："头戴冠者，文也；足缚钜者，武也；敌在前敢斗，勇也；见食相告，仁也；守夜不失时，信也。"（《韩诗外传》）。鸡在人们心目中象征吉祥，预兆丰收，鼓舞斗志，振奋精神。千百年来，鸡与人类结下了不解之缘。

最早的养鸡记载

考古学家虽在河北武安磁山文化遗址发现"家鸡"的跗庶骨，与原鸡很相似；河南新郑裴李岗有鸡骨出土，西安半坡村也发掘出零碎的鸡骨，似乎新石器时代中期的这些文化遗址（距今约六七千年前）表明北方已在养鸡。但仅就半坡遗址陈列的"鸡骨"而论，只是些肢骨，未见头骨，实在值得怀疑，因鉴定一个禽兽的种，主要应靠颅骨。据说在出土的陶盆内面绘有鸡形，如果是鸡，则鸡的家养似又可信。一说鸡的野生祖先是能飞的，不容易活捉，较难驯养。其实未必尽然，因不能排除把捉到的雏禽加以驯养的可能性，而且例如古埃及已把鹅家养，有金字塔的石刻证明，而野鹅却是能高翔远飞的。

考古学家和历史学家从古代文字去推敲，只能追溯到3000多年前。例如殷墟的甲骨文，已有鸡的象形字。可这决不等于说，在有这原始文字以前的时代就没有家禽。甲骨文金文中还有"彝"字，考古学家都认为，字形如同双手供奉一只鸡，以后此字变成盛酒器皿（酒尊）的古称。而鸡字更写作雞，渐成今体文字。古篆文又把"奚"和"佳"二字缀合成一字，根据《说文》

第七章 中国古代养禽业

解释的佳字："鸟之短尾总名也，象形。"此说有正确的一面，因古代早就把长尾的雉也包括在内；而奚字则是由爪和二字上下相迭构成，表示鸡的腿与爪当初是用绳子系着饲养的，怕它飞跑，照这样解释也是符合实际的。这似乎表明，3000多年前的鸡虽已被驯养，但还只能说尚在驯化早期阶段。

一些古文物也留有养鸡的迹象。从汉代古墓出土的陪葬品如陶制的家禽，虽不能真实反映出当时鸡的形态特征，但先秦时代的历史文献记述鸡的事例已很多，而且被列为六畜之一。特别是汉墓出土铜酒壶上的一只铜鸡，长颈长脚，胸突尾长，展翅昂首，呈张口状，形如斗鸡。又如晋墓中的鸡陶俑，形如肉用鸡，其尾翘起，均足以证明汉代以后鸡种在进化。

鸡的原来用途

最初被驯养而成的古老鸡种，并非完全只是为了食其肉和蛋，玩赏更是养鸡的目的之一。斗鸡就是古老的鸡种。斗鸡这一活动也是一种原始的娱乐，约如斗蟋蟀那样。公鸡的好斗性和野生时代的习性很相似，这种好斗的特性在其他一些禽类原来也有，长期以来见于中外各国原产的鸡种中，不过，这些鸡最终也是屠宰供肉食的。

凡是家禽，特别是鸡，以其羽毛鲜艳而悦目，再加以公鸡在黎明引人醒觉的啼声，自古就利用它当作司晨的活时钟。鸡鸣而起的农民生活习惯，远古已传袭下来。《尚书·牧誓》说："古人有言曰：牝鸡司晨。"《牧誓》是周武王伐纣而战于牧野的檄文，当时既说"古人有言"，必然在更早的古代已饲养了司晨报时的鸡，不过在这里只是另有所指，即如果由母鸡来司晨，那就成了反常的现象。《周礼·春官》有"鸡人"一职："掌共（供）鸡牲，辨其物。大祭祀，夜呼旦以叫百官；凡国之大宾客，会同、军旅、丧纪，亦如之；凡国事为期，则告以时。凡祭祀、面襘、衅，共其鸡牲"这显然指出，在发明原始的计时方法以前，鸡成了报时的工具，同时在封建社会的早期已是一种珍贵的祭品。

鸡的饲养在古代已相当普遍，如老子《道德经》说："邻国相望，鸡犬之声相闻。"这种情况不仅指的春秋时代，所谓邻国也可指原始氏族社会的部落组织和以后的村落。就以春秋时代来说，《孟子·尽心上》说："五母鸡，二母彘，无失其时，老者足以无失肉矣。"闻鸡起舞，孳孳为善者，舜之徒也；闻鸡起舞，孳孳为利者，跖之徒也。再以江南的吴越为例，《越绝书》卷二指

123

出:"娄门外鸡坡墟,故吴王所蓄鸡,使李保养之,去县二十里。"又说:"鸡山,豕山者,勾践以畜鸡豕,将伐吴,以食死士也。鸡山在锡山南,去县五十里。"以上二说虽是汉代人的追述,但亦可证实,仅在今苏州及无锡之间一些小山区,早已有过大规模的养鸡场,迄今在苏州仍有此古迹。在汉初,《西京杂记》说:"高帝既作新丰……放犬羊鸡鸭于通涂,亦竞识其家。"可见城市里有如近世也在饲养禽畜。渤海太守鼓励农民生产,要求每家养两只母猪,五只母鸡(见《汉书·龚遂传》)。南阳太守为民兴利,提出民家养猪一只,母鸡四只,以供祭祀(见《汉书·召信臣传》)。由此不难看出,2000多年前,在北方养鸡供肉用和产蛋用已相当普遍。刘向《列仙传》还记载一位著名养鸡家的典型事例:"祝鸡翁,居尸乡北山,养鸡百余年,鸡千余,皆有名字,暮栖树上,昼放之,呼即别种而至,卖鸡及子得千万钱。"这一史例,亦见于《河南府志》,都表明祝鸡翁祖孙几代在经营养鸡业,也可证明2000多年前已采行大群养鸡产蛋的办法。鸡栖树上也是它的天性,而且在陶渊明的《归田园居》诗,还写下"狗吠深巷中,鸡鸣桑树颠(巅)"。祝鸡翁,似乎是古代养鸡最成功的一人。刘向把祝鸡翁和古代一些医学家等当作仙人。

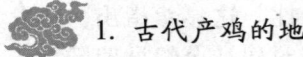 古代中国的原始鸡品种

我国在千百年前已有的各地鸡种,如果有系统地保存下来,可以肯定是中国古老的鸡品种。某些地区经过长期饲育具有一定特点的鸡种或其他家禽,即使不符合现代育种的理论,在此不妨亦可称之为地方品种。可惜这些品种,除遗存下来现有的各地良种外,某些古老的鸡种已只能当作历史去回忆。有的却在日本及海外被保存着,日本的原有鸡种大多与中国古代鸡种有关。

1. 古代产鸡的地区

自古我国南北各地都适于养鸡。《尚书·禹贡》只暗示在南方出产禽类(羽毛),这多少表示在北方约4000年前鸡在经济上尚不重要。《周礼·夏官·职方氏》中概略提到:扬州(东南方)和荆州(正南方)其畜宜鸟兽,其谷宜稻;在北方以豫州(中原地区)、青州(淮北至鲁西)、兖州(山东省大部分)等地宜于养鸡。这些古地理的描述多少是符合实际的:因养禽的环境不同于牧群,鸡既发源于南方,进入北方定居的原始农业社会,鸡的分布

不可能普遍。随着农业生产的逐渐发展，此后的两三千年间，也就因地制宜，而且适应环境，必然出现不同的地方鸡种。汉代扬雄《方言》把在当时南北各地鸡的不同称呼举出，亦可见其分布之广。

正如明代李时珍《本草纲目》所说："鸡种甚多，五方所产，大小形色往往亦异。"并列举各处鸡种："辽阳一种食鸡，一种角鸡，味俱肥美，大胜

矮鸡

诸鸡……蜀中一种鹖鸡，楚中一种伧鸡，并高三四尺；江南一种矮鸡，脚才二寸许也。"李时珍还为一些鸡种作了考证，颇有价值。

总之，历来不少地方都出产良种鸡，只是大多不载于历史文献。何况沧海桑田，农村情况的变迁，更和鸡种的发展和分布密切相关。

2. 鹖鸡

所谓鹖表示一种大型而善斗的鸡种，历史上以山东出产的为最有名。根据《尔雅》所称的"鸡大者蜀""鸡三尺曰鹖"，晋郭璞注："阳沟巨鹖，古之良鸡。"这里所指的蜀并不是四川，而是春秋时代在今山东省境内的蜀（见《左传》成公二年）。《庄子·庚桑楚》说："越鸡不能伏鹄卵，鲁鸡固能矣。"亦可说明当时的鲁鸡体格大于越鸡，这种鲁鸡不是别的，而是古代以斗鸡出名的一个鸡种。上述李时珍所说的"蜀中一种鹖鸡"，可能把春秋鲁国的蜀误解了，但不能就此说四川不出产鹖鸡，因在四川大足县石刻群中，就有妇女养斗鸡的石刻。这一鸡种在我国富有历史意义。在日本的鸡种中，迄今尚称大型的斗鸡为鹖鸡，而且得到保存，被指定为天然纪念物的鸡种之一。

3. 长鸣鸡

这是我国古代很受珍视的一个品种，以其每啼一响的时间特长，古代即选它作为报晨用。这种鸡主要出产于南方，如《舆地志》指出："移风县有鸡，雄鸡鸣且清，如吹角，每潮至则鸣，故呼为潮鸡。"查移风县在唐代安南都督府境内，约今越南清化市北。《西京杂记》卷四说：汉"成帝时，交趾

（今越南北方），越巂（今四川西部）献长鸣鸡。伺晨鸡即下漏验之，暑刻无差。长鸣鸡则一食顷不绝，长距善斗"。《齐民要术》引汉《广志》道："鸡有胡髯，五指，金骹，反翅之种，大者蜀，小者荆，白鸡金骹者鸣长，倍于常鸡。"又引《异物志》道："九真（今越南清化市）长鸣鸡，鸣最长，声最好，鸣未必在曙时，潮水夜至，因之并鸣，或名曰伺潮鸡。"此外，如宋代范成大《桂海虞衡志》说："长鸣鸡高大过常鸡，鸣声甚长，终日啼号不绝，生邕州（今南宁市）溪峒中。"南宋周去非《岭外代答》则说："长鸣鸡自南诏诸蛮来，一鸡值银一两，形矮而大，羽毛甚泽，音声圆长，一鸣半刻。"并指出："两广有潮鸡潮至则啼，身小足矮。"由此可见，到南宋尚有这样的鸡。

依上所述，长鸣鸡好像不是一个品种，而且不限于南方才有，在中原地区也曾有出产。《旧汉仪》就提到"汝南出长鸣鸡"。雄鸡好斗善啼是天性，既以长鸣闻名，这就不是一般的公鸡。这种鸡必有很发达的胸部和肺活量，发声器官决不平常，因此必有强壮的体质。公鸡如此，当地的鸡种品质亦不难想象。日本于我国唐朝输入古代的长鸣鸡，到近世由养鸡专家育成三个观赏用的日本品种，也被指定为天然纪念物受到保护，其中如"东天红"种，经试验测定，每啼一声长达 15～20 秒，约 5 倍长于普通鸡的啼声。我国古代的长鸣鸡很可能也如此，否则不会当作贡品。

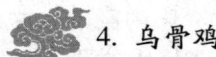

4. 乌骨鸡

乌骨鸡自古就是我国医学上所珍贵的品种。唐代杜甫养过不少乌骨鸡，用来治他的老年风湿病，他叫其长子修鸡栅，有诗可证："愈风传乌鸡，秋卵方漫吃。自春生成者，随母向百翩。"又如宋《太平御览》引述夏侯弘在江陵用"白乌骨鸡治心腹病"。宋僧赞宁《物类相感志》（有说是苏东坡的著作）指出："乌骨鸡，舌黑者则骨黑，舌不黑者，但肉黑。"《本草纲目》提到反毛乌骨鸡时说："有白毛乌骨者，黑毛乌骨者，斑毛乌骨者，但观舌黑者，则骨肉俱乌，入药更良。"《便民图纂》卷十二说："用白毛乌骨鸡，重二斤许，作乌鸡煎丸。"以上所述也许就是有名的中药"乌鸡白凤丸"的历史根据。即使它只是反毛，亦可视为特有的品种。

近世常说反毛乌骨鸡或乌骨鸡以江西泰和县生产者最驰名。这可能始传于《本草纲目》的泰和老鸡。但李时珍只是说"江西泰和吉安诸县，俗传老鸡能发痘疮，家家畜之"，并未指明是乌骨鸡，而且指明不限于泰和一地才有

出产。后世因此附会，而且还认为泰和乌骨鸡产于武山脚下一农户，山麓下有蓄潭池，此鸡日饮池水为生，相传古时官吏进京常以携带泰和鸡进贡为荣云。这一传说可能以《泰和县志》的记载为依据，该志说："有武山鸡一种，以乌骨、绿耳、红冠、五爪、单毛白色者为佳，《豫章书》及《通志》别云'红毛'。"

关于乌骨鸡的原产地，另有一种说法，认为福建也有反毛乌骨鸡，并可能是由海外传入。此说不可信。根据文献记载，日本的乌骨鸡早在江户时代已由中国传入，乌骨鸡又由日本介绍到欧美，从而得名，以致早年的美国养禽权威学者赖特说，乌骨鸡和丝毛鸡来源于日本。

5. 长尾鸡

长尾鸡

古代的朝鲜半岛北部曾以产鸡著称，故古时这地区有"鸡林"之名，长尾鸡即原产于此。在2000年前曾以贡品首次传入中国，如《后汉书·东夷传》道："马韩有长尾鸡，尾长五尺。"但《魏志》说它是细尾鸡，其尾长5尺余。这一品种在我国至多只是皇室的珍异禽类，最后归于消灭。在成都地区东汉墓中曾发掘出长尾鸡的石像和形如斗鸡的公鸡陶俑。就时代而论，当时的长尾鸡显然在东汉已当作一种珍贵的鸡种。它虽是一种观赏动物，但由朝鲜传入日本，特别受到重视，经过长期的选育，也成了日本固有的名种，而且被誉为该国鸡种的代表，长尾有达8米以上，曾参加国际展览会，多次荣获奖杯。后来，高知县南国市的公鸡尾长更已打破12米的纪录。

第二节
中国养鸭史

鸭是我国劳动人民较早驯化的家禽之一。鸭肉细腻鲜美,鸭蛋营养丰富,鸭毛加工绒装。鸭的形姿还以各种精致典雅的造型在人们生活中显示出来。

家鸭源始

家鸭是从野鸭驯化而来的。家鸭的祖先叫绿头鸭,它的故乡在亚洲、欧洲和北美洲广大地区。雄鸭头羽辉绿,全身毛色鲜艳,翼羽镶嵌绿斑;雌鸭全身棕黄,杂有黑色斑点,又称为大麻鸭。野鸭性喜群居,爱在水中游弋,其耐寒本领可与企鹅一比高下。这一特点在家鸭身上仍然保持着。现代科学家曾做过一个有趣的实验:在一个特制的密封、透明的箱子里,放进几种耐寒的禽鸟,其中包括企鹅和家鸭。实验开始时把温度剧降至零下80℃,几分钟后企鹅开始经受不住;再把温度降至零下100℃,企鹅就趴下了,而家鸭仍在呷呷地鸣叫和蹒跚地前进,还用扁平的喙去啄拱倒下去的其他禽鸟。家鸭为什么有如此特殊的耐寒本领?这可能是鸭的杂食性强,适应地区广,特别是全身覆被的厚厚绒毛并粘有分泌的类脂物质,在水中也不会浸湿皮肤。但家鸭长期在陆地上生活,运动量减少,脂肪累积增多,体躯显得肥胖笨拙。野鸭

绿头鸭——家鸭的祖先

第七章 中国古代养禽业

所具有的长翅善飞的特性，在家鸭身上丧失殆尽，甚至那滚圆肥胖的躯体在急速行走时还要摔上几个跟头呢！

我国是家鸭最早的驯化地。相传伏羲氏发明网罗，捕鱼捉鸟，绿头鸭即是捕来众多野鸟的一种，经过长时期的饲养被驯化为家鸭。古籍《尔雅》中记有凫和鹜。凫，指的是野鸭；鹜，说的是家鸭。古籍《左传》中记有"饔人窃更之以鹜。"《战国策》中记有"而居鹅鹜有余食"。春秋战国古籍《吴地志》还说："吴王筑城以养鸭，周围数十里。"考古学家先后在福建省武平岩石门、河南省安阳殷墟、辽宁省凌源营子村、江苏省句容、河北省平泉和河南省郑州二里岗古迹中，发掘出从新石器时期至商周以至春秋战国时期的造型别致、工艺精湛的铜鸭尊和彩绘陶鸭以及鸭蛋遗体，可以认为，在距今2600~3000年，我国南北很多地方均已养鸭，而且由于鸭的优美形姿而被雕塑为造型各异的观赏品，表明鸭已是人们十分喜爱的家禽。

野鸭在欧洲驯化的时间稍晚。据达尔文考证，在古埃及、旧约时代犹太人和荷马时代希腊人都不知道鸭。但在古罗马时代，人们常猎取野鸭供食和取乐。地中海沿岸地区出土的众多文物显示，野鸭常常以精湛技艺被绘制在墓碑或壁画上。在脍炙人口的希腊神话中，每年在祭祀爱神维纳斯时，最重要的祭品之一就是野鸭。公元前1世纪，瓦罗著《论农业》中，才开始有关于意大利人驯养野鸭的记载，但还必须像其他野鸟那样被放入网围中，以防逃逸。哥留美拉还建议采集野鸭蛋让母鸡孵抱。达尔文指出，"这时的鸭在罗马人的养鸡场中还未变成归化的和多产的同住者"，由此推测欧洲人可能是此时开始驯化野鸭的。

养鸭技艺

秦汉时代，我国养鸭业有了很大的发展，鸭已成为人们畜养的三大家禽（鸡、鸭、鹅）之一。据考古学家的发掘，仅从西汉至东汉的数百年间，出土的鸭形文物就有26件。山西省平陆县古墓出土的一件绿釉陶工艺品"池中望楼"，通体黄绿色，造型别致，很富想象力。最下层池中有11只鸭遨游嬉戏。反映西汉时期养鸭已是一项重要的家庭副业。

汉代养鸭技艺颇精，时人著有《相鸭经》，可惜已佚失。公元6世纪《齐民要术》对养鸭技术记述较详：在每一群鸭中，要有"五雌一雄"；在产卵时，"多着细草放窠中，令暖。先刻自木为卵形"，引鸭产卵。"足其粟豆，常令肥饱，一鸭便生百卵"。贾思勰指出：要选鸭"一岁再伉者为种"，就是说要用每年第二次产的卵留种，它比第一次产卵孵出的后代产卵多，生活力强；而第三次是在寒冷的冬季孵出，雏鸭容易冻死。

野鸭爱蛋如珍，寸步不离，孵雏后随身携从，觅食哺育。但经过长期驯化的家鸭，育雏性丧失殆尽，饱餐终日，随处产卵；即使孵出幼雏也置若罔闻，听之去来。汉时人们创造了母鸡寄孵法："鸡伏鸭卵，雏成入水。"(《风俗通》) 寄孵技术代代相传，颇有奇效。梅尧臣著诗盛赞："春鸭日浮波，羽冷难伏卵。喜菏鸡抱持，托以鸡窠暖"。宋代有人又创造了牛粪发酵生热的孵鸭法："其（鸭）生子多者，不暇伏，则以牛矢妪而出之者。"(《调燮类编》)后来逐渐发展为直接加温孵鸭法："将鸭蛋安于糠内，以桴炭之火微薰之。"(《闽县乡土记》) 这可能是炕孵或火孵的初始。人工孵鸭技术经过元、明、清几代的完善和发展，清代已有颇具规模的火焙鸭。据罗天尺著《五山志林》记述："始集卵五六百一筐，置之土垆，覆以衣被，环以木屑，种火文武，其中设虚筐候之。卵得火，小温，辄转徙虚筐而上下之，昼夜六七徙。凡十有一日而登之床，亦藉以衣被而重覆其上，时旋减之。逾一月而雏啄壳出矣。"清末还出现了专业化的"孵坊"，已经有相当精湛的孵鸭技艺。

人工孵鸭的关键是掌握"火候"。杨灿著《(豳风广义》说："火菀莫巧，只要人殷勤看待，温和之气不绝，不惟出齐，并速而无坏。若乍寒乍热，不惟出之不齐，卵亦多腐坏不成。"《哺记》还叙述"看胎施温"的经验："尽垩其室，穴壁一孔，以卵映之。次日即见一小珠，熠耀其中，甚亮而白；三日，其珠渐红而稍大；四日，色正红，如小钱样；五日，如大钱而略似血残；六日，见血生头，状如蜘蛛，是日或间有坏而迟者，是为六日危。七日，生眼一只，黑细如莱子，雄左而雅右。"十分形象地叙述了胚胎的发育过程和生理形态变化。这在显微解剖技术尚未发明而有如此细致的观察记载，令人叹为观止。

强制换羽以延长产卵期是我们祖先养鸭的又一创造。家鸭停止产卵后一般要有4个多月的换羽期。强制换羽，是在家鸭停产后期减少饲料，催促脱羽。待脱羽至适当程度，把余下尾羽和翅羽分次拔下，添加精饲料促羽生长，并驱鸭入水放饲。如此经过月余，家鸭就开始交尾产卵了。强制换羽法可使产蛋期提早60~60天。

填鸭是由古代"填嗉"发展而来的人工强制育肥技术。一般在雏鸭饲养60天时，减少运动，用含有醅类和脂肪的饲料填喂。填料多为玉米面、高粱

第七章　中国古代养禽业

糠、黑豆、水草等，按一定比例配合搓揉，或用机器制成杆状剂子，掰开鸭喙填入。填鸭体重第一旬可增加 0.5 公斤，第二旬增加 1~2 公斤。而且肌肉纤维中夹杂一缕缕脂肪，红白相间，很适于烤炙。填鸭育肥法现已成为世界养鸭业的重要饲养技术。

我国劳动人民培育出很多优良家鸭品种。春秋时代家鸭就有双头青、鹅减脚；东汉时长江流域有斗鸭和肉鸭；到隋唐时代，著名鸭种有金羹鸭、赤羽鸭、丹毛鸭、乌衣鸭、白玉鸭等。明清以来各地方志中记载的鸭就更多了。中华人民共和国成立后，经过有计划地繁育，全国已有 20 多个优良家鸭品种。其中最著名的肉鸭品种为北京鸭，羽毛洁白，头大颈粗，体长背宽，腹深腿短，胸脯丰满，肉质细嫩，适应性强。1873 年，一个名叫詹姆斯·帕默的商人把北京鸭引进美国，1888 年输往日本，1925 年输入苏联，现今已在世界很多地方安家落户。江苏高邮麻鸭，是优良的肉蛋兼用种。头颈乌绿，胸脯棕红，腹白尾黑。耐粗饲，成熟早，年产蛋 130~180 枚，双黄蛋比率高，腌咸蛋尤脍炙人口。浙江绍鸭，是优良的蛋用品种。年产蛋 225~275 枚，被誉为家鸭的"产蛋皇后"。建昌鸭产于四川西昌，考古学发掘表明，此鸭驯化有 2000 年的历史。生长快，成熟早，肉质细嫩，是优良的肉用鸭，特别是以肥鸭肝著称，有"一室蒸肝七室香"之美誉。其他著名鸭种还有巢湖鸭、东莞鸭、荆江鸭等。

第三节　中国养鹅史

🦢 鹅的种类

鹅成为家禽可能晚于鸭，或则开始形成于春秋时代以前的西周时期。鹅与鸭早已并论，但古代所称的六禽，只列入雁，雁就是鹅的野生祖先，而且

131

中国古代养殖

野鹅

是飞翔力很强的禽类。雁的种类有十多种，其中大多巢居于北方苔原地带，而在温带地区生活的则有鸿雁和灰雁等种，均属于候鸟，秋季南飞过冬，这是众所周知的。这两种雁成为鹅的祖先，已为举世公认。但也有认为只有鸿雁是中国鹅的祖先，欧洲鹅才起源于灰雁。此说法未免有失偏颇。

现代鸿雁的特征是长颈而细，额灰白色，羽毛在背部呈暗灰或灰褐色，胸腹部灰黄色，比颈淡些。我国各都市的动物园大多养有这种雁，但没有鹅的额泡，在天空常排成人字形结群高飞。我国各地常见的灰鹅是否亦起源于鸿雁，这是一个应深究的问题。但外国文献都笼统地说中国鹅起源于译称的鸿雁。

鸭和鹅的主要发祥地

在春秋时代或以前更久已有饲养鸭和鹅的史实，而且此后在北方更加普遍。例如《盐铁论》指出："今（汉）富者春鹅秋雏。"但这不等于说，贫者就不可能养鹅，而是饲养方法有不同，何况富者大多只知享受劳动的成果。《唐书·百官志》有"钩盾署，掌薪炭鹅鸭"。钩盾署原是在汉上林苑中的组织基础上发展起来的一个独立部门，是专为皇室服务的，足见古代而且早有了管理这类家禽的设施。又如《金史·海陵王纪》道："天德二年，命大官常膳惟进鱼肉，旧贡鹅鸭等悉罢之。"这些都可反映出民间的养禽生产，因为贡品来自各地，取之于民。但决不能就此认为，北方才是鸭鹅的发源地。

就南方或长江流域的自然环境和鸭鹅野生祖先每年南来越冬时大量被捕的情况来看，这个广大地区更适于驯化成这些家禽，它们的形成与发展，主要原产地应是南方的水乡，只是我国南方历史在这方面的文献记载较少，文化经济的发展不及北方早，但仍可举出不少史例，证明南方是鸭鹅的主要故乡。例如唐代陆广微《吴地记》指出："鸭城者，吴王筑地，以养鸭，周数百里。"这也是春秋时代的故事。当年江南地广人稀，虽则言有夸大，但很可能这是一个养鸭最集中的地区。唐代冯贽《云仙杂记》卷三还说："富扬庭常畜鸭万只，每饲以米五石，遗毛覆渚。"这是指桂林地区的养鸭实例，也可证明

第七章　中国古代养禽业

南方水乡最宜于养鸭，而且已有大规模的养鸭生产。历代诗人描述的这类家禽大多就在南方，例如唐代张藉诗云："山乡只有输蕉户，水镇应多养鸭栏。"苏东坡著名的《春江晚景》题画诗："竹外桃花三两枝，春江水暖鸭先知。"南宋吉安人杨万里的《插秧歌》："秧根未牢莳未匝，照管鹅儿与雏鸭。"但这决不等于说，北方某些水乡不是鸭鹅的原产地。

鹅鸭也有好斗的天性，古人有把它们和斗鸡那样地用来取乐。这种风气和江南的养鸭也有关。例如《三国志·吴志·陆逊传》说："时建昌侯虑（孙权之子）于堂前作斗鸭栏，颇施小巧。"因陆逊的劝说，不要在这方面浪费，因而罢休。宋代范致明撰《岳阳风土记》中，即指出鸭栏矶，是孙虑斗鸭之所。当时，魏文帝（曹丕）还遣使到东吴求取斗鸭和长鸣鸡（见《吴志·江表传》），唐代李邕作《斗鸭赋》，其中有一句"东吴王孙笑傲闾门"，这是身在长安的皇族还在羡慕江南的斗鸭风。甚至黄巢农民起义军节节胜利的时期，昏聩的唐僖宗尚沉醉于斗鹅走马，并与诸王斗鹅，以致当时一只雄壮的公鹅价值达到50万钱（见《唐书·田令孜传》）。从唐玄宗的斗鸡狂热程度发展到斗鹅，固然是唐宫生活腐化的一面，但这些斗禽都是劳动人民精心饲养出来的，当时必然对民间的养禽业起到过刺激作用。

古代中国鹅的品种

鹅成为家禽以来，历史文献也和现代专门书籍记载的那样只是依据其羽毛色泽而大体区别为白鹅和灰（苍）鹅两类，古代的文学家还留下不少关于鹅的诗篇，都以其皎洁的羽毛，橙黄色的额泡和喙蹼，成为讨人喜爱的一种家禽。但鸭就得不到如此的鉴赏。至今在海外，甚至国内，一提到中国鹅好似也认为只有一两种，至多另有广东的狮头鹅。

从考古文物中，很难确认古代有不同的家禽品种，古代的名画则可作为旁证，而某些历史文献叙述得较为更可信。《齐民要术》引沈充《鹅峨》序说："于时，绿眼黄喙，家家有焉。太康中（280～289年），得大仓鹅，从喙至足，四尺有九寸，体色丰丽，鸣声惊人。"这表明在公元4世纪以前民间养鹅已相当普遍。沈充是西晋武康（今浙江省武康县）人，他所见到的显然比江南的鹅大得多，而且这一种大仓鹅恐是苍鹅之误或同义，好似比今日狮头鹅的体格更大，似乎不是白鹅。到西晋末期，约如《晋书·五行志》载称："孝怀帝永嘉元年（307年）二月，洛阳东北步广里地陷，有苍白二色鹅出，

美丽的鹅

苍者飞翔冲天,白者止焉。"这苍鹅好似还是野鹅,白鹅才是家禽。在同时代的文学家王羲之,即以养白鹅为乐。《晋书·王羲之传》说:"又山阴(今浙江绍兴县)有一道士,养好鹅,羲之往观焉,意甚悦,固求市之。道士云:为写道德经,当举群相赠耳。羲之欣然写毕,笼鹅而归,甚以为乐。"今绍兴兰亭有鹅池,即其遗迹。葛洪《肘后备急方》还指出:"人家养白鹅,白鸭,可辟射工。"射工就是射宫,亦即所谓蜮,是蝎一类的毒虫,多见于南方水乡。南宋洪迈《容斋随笔》卷五说:"禽畜菜茄之色所在不同,如江浙猪黑而羊白,至江西吉安以西,二者则反之。苏秀间,鹅皆白或有一斑,褐者则呼为雁鹅,颇异而畜之,若我乡凡鹅皆雁也。小儿至取浙中白者饲养,以为湖沼观美。"苏秀指今苏州至嘉兴之间,江南鹅多白色,迄今亦然,间亦见有斑纹褐色已少见,可能指的就是灰鹅。这里明显指出,千百年来仅在江南地区白鹅的品种性早已形成。洪迈曾出使金国,是金人所惧的爱国使者,在赣州和婺州(今金华市)当过地方官,是江西鄱阳人。既指出他家乡的鹅多褐色,也说明与雁的关系,而且将浙江的白鹅移往江西。古代鹅种的推广,就是一例。

李时珍《本草纲目》所说的鹅:"江淮以南多畜之,有苍白二色及大而垂

第七章　中国古代养禽业

胡者，并绿眼、黄喙、红掌，善斗，其夜鸣应更。"照此而论，实则不止两个品种，大而垂胡者即大型鹅有肉髯，这就是另一品种的特征，只是缺少其他文献为之证实。

中国的鹅早已传往海外，至少有1000多年历史。除介绍到日本外，其他如永嘉（温州）周达观撰《真腊风土记》说：真腊（今越南南方）"在先无鹅，近（元代）有舟人自中国携去，故得其种"。以至近代西欧各国始知有"中国鹅"。

第四节　古代养禽技术

关于家禽饲养管理和繁殖育雏的方法，我国古代虽有不少零散的历史文献可查，只是在长期的封建社会里，民间的生产方法未得到重视，一直到近世仍以为不过是家庭副业，以致从来缺乏专门的著述传留后世。就现存的历史文献所知，有关养禽技术的记载，其中当以《齐民要术》最有历史价值。其次，有一本《鸡谱》，是乾隆丁未年（1787年）的抄本，但抄本未注明原著的作者与成书年代，全书约1.4万字，是一部关于斗鸡的稀世著作。

相禽与选种法

家禽的选种是提高其生产性能和创造品种必循之道，在我国早就进行了有意识的选择，在养禽史上就可以举出很多不容置疑而有说服力的论据。

早在汉代已有的《相鸡经》，曾列为相六畜之一，及至唐宋时代继续问世的一些相禽著作，其中包括相鹅、相鸭，虽则早已失传，但可以肯定，纵然其内容大多以玩赏为目的，却能鉴别其优劣强弱和特性。例如明初的《臞仙神隐书》卷四，就相鹅鸭有言："鹅鸭毋，其头欲小。口内鉋有小珠满五者，生弹（蛋）多，满三者次之。"清初张宗法《三农纪》引家禽相法，更是可贵，特节录如下：

鸡："目如鹛，喙若鸽，首小圆正，毛浅，足细者佳。雄宜头品冠，竖九距，翅束，尾长，啼声悠长者，堪作种。雌宜头小，眼大，颈细，鲍长，足矮者为种。"

鹅："首方目圆，胸宽身长，翅束羽整，喙齐声远者良。"

鸭："口中五龄者生蛋多，三龄者次之。俗云：黑生千，麻生万，惟有白鸭不生蛋。形有大小高矮，色有黑、白、黄、苍、褐、花，有冠首，红嘴，赤足者。雄者头毛光绿，尾有卷羽，鸣突声哑。雌者头小色暗，尾羽伸直，声高明亮。"

相禽与相牛马有相似的道理，也是察其形，判其实，都是选种所必需的手段，现代的家禽选种法亦不例外，《齐民要术》所总结的养禽经验如下：

"鸡种取桑落时生者良。形小，浅毛，脚细短者是也。守窠少声，善育雏子。春夏生者则不佳。形大，毛羽悦泽，脚细长是也，游荡饶声。产乳易厌，既不守窠，则无缘蕃息也。"

"鹅鸭并一岁再伏者为种。一伏者得卵少，三伏者冬寒雏多死也。大率鹅三雌一雄，鸭五雌一雄，鹅初辈生子十余，鸭生数十，后辈皆渐少矣。常足五谷饲之，生子多；不足者，生子少。"

由此证明，古代的鸭种曾长期具有就巢孵卵的天性，但比鹅更早已失去这一天性，这一点亦可作为鸭先于鹅驯化的论据。由于饲养管理的加强，产蛋力必因而提高，亦因年龄或到后期而渐渐减少，这些都符合家禽繁殖的生理现象。

 自然孵化法

在有人工孵化法以前，家禽的自然孵化是唯一的孵卵方法。这是利用亲禽孵卵的天性，古人更给以安静的条件和必要的关照，以求得良好的出孵率。这是自从养禽以来长期传留累积下来的实践经验，虽则公鸡和鸭种由于家养的环境已失去这一天性，但我国的母鸡从来就是很有效的自然孵化机。

《齐民要术》未记载鸡的孵化法，而对鹅鸭则有简要的记载，可能因为鹅鸭的孵化日期长些。

"伏时，大鹅一十子，大鸭二十子，小者减之。多则不周，数起者不任为

第七章 中国古代养禽业

种。数起即冻死也,其贪伏不起者,须五六日与食,起之令洗浴。又不起者,饥羸身冷,虽伏无热。鹅鸭皆一月雏出,量雏欲出之时,四五日内,不用闻打鼓、纺车、大叫、猪犬及舂声,又不用器淋灰,不用见新产妇。触忌者,雏多压死,不能自出,假令出,亦寻死也。"

按鹅一次亦可孵达十多只卵,须视体形大小和每窝所产的卵数多少。所谓"多则不周",是很有道理的经验,因过多则抱孵周转不全,温度不够,不容易孵成。鹅往往由公鹅守护,或雌雄轮流孵伏,一如鸽孵。如果时常离窝(数起),必难保持适当的孵化温度。这样的

大鹅孵化的小鹅

鹅鸭因恋巢性不强,就认为不适于种用。其实,鸭种正因此逐渐丧失其孵伏的天性,而以古人的智慧用人工孵化代之。反之,因贪孵不起,竟至饥瘦而死的,母鸡孵化即有此现象。

清初杨屾《豳风广义》更有较全面的总结:

"抱母鸡一只。母鸡须用数年者抱之为上,新鸡不堪,伏卵数起者不任为抱;食卵者易之,或常常喂之。大者可覆二十二卵,小者可伏十八卵。卵须用雌雄相配而生者,方能出雏。窠忌近打鼓、纺车、砧挣、脚膣罗、舂捣及振动有声之处。卵被振动,雏形多不成。窠不宜低,低则恐有虫害。母鸡伏四五日,令起,与之食饮。又不起者,饥羸身冷,虽伏无热气,卵难出,且往往有饥死者。伏至二十一日而雏生。亦视乎凉暖,暖者生速,凉则生迟。雏出之时,不可用手剥取,须听其自出。若用手剥壳,则形未定而多死。既出之后,饲以小米乾饭一顿。若饲以湿饭,则脐脓多死。次后饲以小米,饮以温水。候五七日方可下窠,任食无妨,一岁舯可抱数次,晚抱者形小,而多啮生卵。"

这是杨屾根据陕甘地区的经验,必有较早的文献为依据,而且也参考了《齐民要术》。事实上,在今日的生产实践或家庭养禽中,可遇见母鸡贪孵,不思饮食,终致瘦冷死于窝中,足证古人生产经验之不足。现代的养禽学对自然孵化并不重视其中细节,而广大农村的家庭养鸡养鹅仍以自然孵化为主,

这些历史经验就很有其可取价值。

 人工孵化法

人工孵化技术都是在自然孵化法的经验上发展起来的，在理论上基本相通。各国养禽学家对我国的旧法人工孵化很称赞，也有认为世界上最早发明人工孵化的是古代的埃及和中国。日本养禽学家山口氏亦如此指出，而且说希腊哲人亚里士多德记述："公元前400年即置卵于堆肥中孵化；中国在公元前246年，已有用炭火孵化的记录。"

1. 各种人工孵化法的开始

古人既掌握了自然孵化的规律，亦即很重视保温和安静，这两个条件正是现代人工孵化法最基本的要求。我国的旧式人工孵化也是如此，似乎可以肯定，先由孵化鸭蛋开始，因历来养鸭很多采取大群放养，这样的经营方式在农民养鸡中几乎是罕见的。《尔雅翼》即如此叙述：

"鹜无所不食，易以蕃息。今（宋）江湖间养者千百为群，暮则以舟歙而载之。其雄者尾毛翘起如钩，大率皆雌鸣乘雄。（中略）出子则拾于舟中，其生子多者，不暇伏，则以牛矢妪而出之。"

最后一句可视为人工孵化原始的方法，牛矢就是牛粪。自古以来常把它晒干作为燃料，牛粪经过适当处理也有发酵热，但不及马粪的发酵热高。若后者处理不当，直接作为人工孵化的热源，尚嫌其温度过高。这种孵化法可能创始于南方，因南方的气候再加入适当的热源必更易达到孵化目的。但干牛粪也可不利用其发酵热，经焙热后亦可供孵化用。这种方法至迟在宋代仍在利用，到宋代或更早，人工孵化已有两三种不同的方法，而牛粪沤出法是最原始的，因另已有较进步的利用温汤为热源和采取火焙缸孵一类的方法，而火焙法可能是用干牛粪作为燃料。此外，《物理小识》卷十说："禽惟鸭不能抱子，养湖鸭者，砌土池，置千卵，而以粟火温其外，时至则出。或以稻伏。"这又是一种孵化法，其原理和方式和近世的坑孵法相似。所谓"稻伏"，可惜没有说明，在此推测，很可能就是广东等地的炒谷法。总之，人工孵化法已有很早的历史。《齐民要术》未述此法，恐因主要记载华北等地的农事，人工孵化法在当时尚未推及华北等地。宋代的书上有记载，肯定这以前已见

第七章 中国古代养禽业

于民间,说它至少有1000多年的历史根据是中肯的。

  2. 坑式孵化法

由于封建社会城乡资本主义的萌芽,有了作坊(孵坊)生产的形式,人工孵化业也就在各地兴起,尤其是为了解决鸭种的大量繁殖问题,人工孵化就成为养禽业当务之急,生产技术必然在近几百年大有改进。就坑式孵化法而论,更是通行于北方,《豳风广义》就有较详细的介绍如下:

"火炮法:炮时用密室一间,内分左右,盘二大匠,匠上周围泥小墙,里面银稻草或麦管编子匣,匠上铺捣焖软麦管一层,厚三五寸。将匠用粪煨至温,不可热。热则卵坏矣。若夏至之时,不用煨匠,只用热温粮暖,亦自能生。将雌雄配过所生之卵,或鸡蛋,或鸭蛋,须得一千或五六百才可,少则易冷难成。先将稻糠皮或粗谷糠,若鸭蛋则干牛粪为末,焙温暖抱,更胜于糠,万物性相宜。锅内烘热。不可太热,只用温热。先铺于左边匠上,一层厚二三寸,次将卵密密排一层,又铺热糠三四寸,又铺卵一层,如此相间,或八千、一万皆可。铺毕,上再用热糠厚盖一层,糠上再覆稻草或麦管一层。时常以手探试,不可令内热,亦不可令内寒,常要里面热,有和气方好。或二三日,觉上面及中间有凉气,如前法复倒于右边匠上,将上面要倒在下面,二三日间,如觉又凉,复倒于左边匠上。如此六七遍,是雏成之时。大约鸡在二十一日,鸭在二十八日,将卵或放罗底上,或放温水内试之,见卵自动摇不定者,是雏将出之时也,分于两匠上,温养如上法。俟雏有一二出者,将卵用热糠单排温室中。此时室中宜放炭火,令其温暖。不过一半日之间,皆可出矣。火炮莫巧,只要人殷勤看守,温和之气不绝,不惟出齐,亦且速而无坏卵;若乍寒乍热,不惟出之不齐,卵亦多腐坏不成。出齐时,忌烧柳条,烟薰之则死。用小米蒸成干饭,不可粘口,饲二三顿,不可令出房外,室中常须用火温暖,不可使冷,以致冻死新雏,或置之匠上,日饲以生小米,饮以温水。十余日后,置园中放之,令其自食。"

这种孵化法与当前仍在北方某些地区采用的炕孵法有很多相似之处,除了以匠(炕)保温之外,并使用焙热的糠皮或干牛粪铺在匠上。

  3. 缸孵法

有关缸孵的文献,应首推《昭代丛书别集》中的《哺记》一篇,由浙江

139

余姚黄百家著，主要介绍当地哺坊孵化鸭蛋的经验。该丛书始辑于康熙年间，以后经过两次修编。根据《哺记》乙未年震泽（今江苏吴江县南的大镇）杨氏跋，黄氏是明末遗老著名硕学黄宗羲（号称梨洲先生）之子，所以哺记一文（共约1400字）应是康熙时代的哺坊访问记。但决不是等于说，缸孵法只始于300年前。该文指出，在他兄长住处，"其邻皆哺坊也，细询其久于哺者，故知哺特详。其始必择卵，择其状之圆者大者，盖牧人贵雌贱雄，以圆者雌，而长者雄也"。由此可推断孵出后是否雌雄，接着描述孵的方法：

"其灶编荢为之，泥涂其内，而置火焉，置缸其上为釜，又编蘖为门，以团火气，惧其过于火也，则釜内藉以糠枇，置筐其中，实以卵，上复编荢以盖之，惧其火候之不匀也；又以一筐上其下，下其上，以易，如是者日五（次）十五日上摊，摊状如床，设荐席焉，列卵其上，絮以绵，覆以被，日转八次，而不用火。盖十五日以前，内未生毛，必藉温于火，十五日以后，毛自能生，但转之覆之而已。"

以上是缸孵到上摊的简易设备与过程，其间更有一"照蛋"的妙术，如《哺记》说："卵虽外包以壳，而老于哺者，其壳中之情形纤悉，时刻后先，历历不爽，问其何以知之？则皆由于照也。其照法尽窥其室，穴壁一孔，以卵映之，若水精丸，纤微必烛。"

第八章

中国古代养蚕业

　　中国古称丝国，是世界上首先驯化和饲养家蚕的国家，在栽桑、养蚕、缫丝、织绸上对世界人民做出过重大贡献。
　　远在3000多年前，我国丝的染色、织造等技术都达到了相当高的水平，生产出了绚丽多彩的不同丝织品。到汉时，我国丝织品工艺已大量外传，深受各国人民的喜爱，成为中西交流的媒介。我国栽桑养蚕技术也先后或直接或间接地传到国外，影响十分深远。

第一节
原始的养蚕业及纺织物

养蚕业的出现

考古工作者在我国黄河流域的山西省夏县西阴村遗址（距今5600多年）中发现有经人工截断的蚕茧和一个纺坠。蚕茧残长约1.3厘米，最宽处为0.71厘米。说明西阴村人已有纺织蚕丝原料和纺织工具。1980年，河北正定南杨庄遗址（距今5400多年）出土了2枚陶蚕蛹，陶蚕蛹虽不是蚕本身，但它是对着蚕蛹实物制作的，或者是非常熟悉蚕蛹的工艺师制作的。该遗址还发现了"加捻牵伸的陶纺轮，以及既可理丝，又能打纬的薄刃条形骨匕"。表明山西夏县、河北正定普遍存在蚕的踪迹，蚕茧在当时已成为纺织原料之一，并可能已经用于织绸了。

长江流域最早的河姆渡遗址，在第二次发掘时出土了牙雕小盅，其外壁雕刻有编织纹和蚕纹的图案，刻有四条像似蠕动的虫纹，其身上的环节数，均与家蚕相同。同时出土有纺轮、木制的刀、匕、小棒、骨针、织网器、木卷布棍、木径轴、骨机刀等纺织工具，可能是一种原始腰机的织机组件。最能说明蚕已人工饲养的是1958年发掘的浙江吴兴钱山漾遗址出土的丝织物，在第二次发掘时，在探坑22出土不少丝麻织品，有绢片、丝带、丝线、丝绳等，大部分都保存

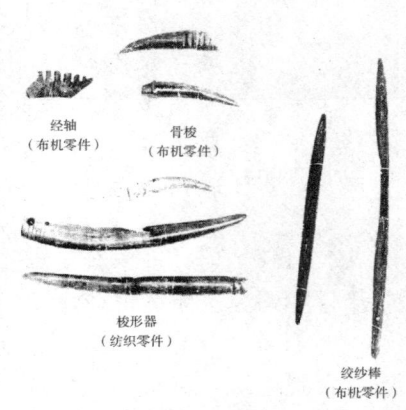

古代纺织工具

第八章 中国古代养蚕业

在一个竹筐里。残绢片长 2.4 厘米，宽 1 厘米，尚未炭化。细丝带已经揉作一团，无法正确量定长度，宽约 0.5 厘米，编织方法与现代草帽辫一样，有着两排平行的人字形织纹，体扁，但靠近尾端一节呈圆形。丝线已拧成一团，较粗。据浙江纺织科学研究所鉴定：确认为长丝产品，经纬向丝线至少是由 20 多个茧缫制而成，没有加捻。绢片为平纹组织，密度为 120 根/吋，相当每厘米有 40 根粗细比较均匀的经纬纱，反映当时已有较完备的织机。丝带为带子组合，观察为 10 股，每股单丝 3 根，共计单纱 30 根编织而成。

浙江余姚河姆渡遗址出土的纺轮是原始纺织业出现的标记。磁山、河姆渡、半坡等遗址都出土有各式纺轮和骨针纺轮加杆组成纺坠。纺坠结构虽然比较简单，但已具有现代纺机上纺锭的部分功能，既能用于加捻，也能起牵伸作用。可以加捻麻、丝、毛各种原料，也可以纺粗细程度不同的纱。

纺轮复原图

浙江吴兴钱山漾遗址还出土有经鉴定是苎麻织物的麻布残片和细麻绳。江苏吴县草鞋山遗址出土了经鉴定是"以野生葛的纤维为原料"的三块纺织品残片，这些遗物说明当时我国先民们已大量利用各种植物纤维来做衣着原料了。

养蚕业的初步发展

我国的蚕业生产始于距今五六千年的新石器时代晚期，及至夏、商、西周时期已有初步的发展。这主要表现在蚕业生产受到了高度重视；栽桑养蚕业已初具规模；丝织技术亦有重大进步。

商周时期，养蚕业受到了高度的重视。在商代蚕已被认为有"蚕神"（蚕示）崇拜，甲骨文中有用两头牛来祭蚕的记载；商代还往往用玉雕成蚕来陪葬，河南安阳大司空村殷墓中就发现过这种玉蚕。直到西周时情况还是如此，陕西西安沣西、宝鸡茹家庄等西周墓中都发现过大小不等的玉蚕，出土数量远比商墓要多。这说明商周时期人们对蚕业的高度重视，同时也是蚕已和人

143

们的日常生活有着密切关系的反映。

商代种植了不同类型的桑树。西周蚕桑事业有了很大的发展。种桑养蚕的地区据《诗经》记载已遍及秦、豳、魏、唐、郑、鄘、卫、曹、鲁等地，相当于今日的陕西、山西、河南、河北、山东一带，也就是说蚕桑事业已遍布于黄河流域。当时的栽桑养蚕业已经初具规模，成为人们普遍经营的一种必不可少的生业。

养蚕技术也有了较大改进。从《夏小正》三月"妾子始蚕，执养宫事"的记载来看，当时已有专用的蚕室和相应的养蚕设备。《诗经·豳风·七月》："春日载阳，有鸣仓庚，女执懿筐，遵彼微行，爰求柔桑"。这首描绘妇女采桑养蚕的诗歌也说明蚕已在室内饲养。

丝织技术这时也有了很大进步。据研究，商代的丝织物已有普通的平纹组织、畦纹的平纹组织和文绮三种织法。这些丝织物，现在已陆续为人们所发现。刺绣一类的织物在商代也已出现。此外，西周时期又有锦的记载，《诗经·小雅·巷伯》："萋兮斐兮，成是贝锦。"萋、斐表示花纹错杂；贝锦是指有贝形花纹的丝织品。《毛传》："贝锦，锦文也。"这是我国关于锦的最初记载。由此可见，我国的丝织技术到商周时期已经达到了相当高的水平。

第二节
我国古代的桑蚕业发展

春秋战国的桑蚕业

春秋战国时期，蚕桑生产有了进一步的发展，黄河流域是蚕业的主要产区，尤其在泰山南北的齐鲁地区是当时最重要的蚕桑生产地区。

第八章 中国古代养蚕业

 1. 桑树栽植

夏商西周时期，桑树是自然生态类型的乔木桑，采摘桑叶时，人们要爬到桑树上。春秋战国时代，桑树的培植除了乔木桑，亦开始培育高干桑和低干桑。

（1）高产乔木桑的养成。

战国"宴乐射猎采桑纹铜壶"上绘有一幅采桑图，描绘了符合高产形态的乔木桑，图中有人正在桑树上采摘桑叶，另外有人在树下接送装桑叶的筐。

（2）高干桑的养成。

战国"采桑猎钫"的图中，有乔木桑，亦有经过剪定的高干桑。乔木桑下有一人站在另一人的背上采桑叶，而旁边的高干桑明显地较乔木桑低，便于采摘。反映了我国桑树的培植由自然生态形的乔木桑，向人工养成的高干桑转变。

（3）低干桑的养成。

战国"采桑纹铜壶盖"中可以看到经过培育的低干桑，蚕农立于树边很方便采摘桑叶。

 2. 养蚕技术

春秋战国时期，养蚕技术的发展，大致有以下几个方面：

（1）专用蚕室。

根据《礼记·祭义》的记载，当时宫廷建有专用蚕室，"古者天子诸侯必有公桑蚕室，近川而为之，筑宫仞有三尺，棘墙而外闭之"。可以看出当时蚕室的建制是高一丈一尺左右，四周筑设围墙，平时门扉关闭。这几点要求和现代蚕室便于保温、管理和防疫，以及专门设置大致相符。

（2）成套蚕具。

根据《礼记·月令》记载，每年三月，政府在下达禁止砍伐桑树的命令以外，同时要求人们在暖卵扫羽之前，必须把蚕架、蚕箔和采桑筐等蚕具准备好。可以看出当时已有了成套的蚕具。

（3）浴种消毒。

母蛾产卵之后，蚕种的表面附有种种容易滋生病菌的污秽之物，所以孵育蚕种之前必须进行浴种，消毒防病。对此，《礼记·祭义》的记载是"十三宫之夫人，世妇之吉者，使入蚕（种）于蚕室，奉种浴于川"，可见春秋战国时代，浴种是消毒防病的重要措施。

（4）忌喂湿叶。

根据《礼记·祭义》的记载，应该把桑叶在通风处晾干，而后才能用以喂蚕，这就是"风戾以食之"的说法。从科学的原理分析，喂湿叶，既会导致蚕座冷湿，又会使蚕体虚弱而受蚕病侵袭，因此，总结出忌喂湿叶的经验是很有意义的。

秦汉魏晋的蚕桑业

秦汉魏晋时期，蚕业比较发达，人们在桑树栽培、家蚕育种饲养，茧的处理等方面，积累了丰富经验，同时，我国的丝绸、蚕种和养蚕技术传入世界各地。

1. 蚕桑品种

（1）桑树品种。

《齐民要术·种桑柘》说："今世有荆桑、地桑之名。"说明当时桑树品种有荆桑和地桑。据《农桑辑要》引《务本新书》称："地桑本出鲁桑。"当时桑树品种主要依地域来分，荆桑分布在长江以南，鲁桑则分布于山东一带。朱祖谋《蚕桑问答》："荆桑多椹，叶薄而尖，鲁桑少椹，叶厚而多泽……凡荆之类，根固而心实，能久远；凡鲁桑之类，根不固而心不实不能久远。"

（2）蚕的品种。

秦汉魏晋时期，蚕的品种除桑蚕以外，还有樗蚕、棘蚕、栾蚕、萧蚕等。

《尔雅·释虫》："蟓，桑茧（郭璞注：食桑叶作茧者，即今之蚕），雔由樗茧（郭注：食樗叶）棘茧（郭注：食棘叶）栾茧（郭注：食栾叶）妣，萧茧（郭注：食萧叶者皆蚕类）。"此外郭义恭《广志》还记载柞蚕："柞蚕食柞叶，可以作绵。"桑蚕的品种中有一化性蚕和二

桑树

化性蚕。《齐民要术·种桑柘》："今世有三眠一生蚕,四眠再生蚕。"即是一化蚕和二化蚕。一化蚕是一年只繁殖一代,二化蚕则一年可以繁殖两代。

2. 桑树栽培管理技术

(1) 实生育苗。

实生育苗是一种利用桑椹播种,生苗后再行移植的繁殖方法。

育苗之时,先要治取桑椹。《氾胜之书》记载:"种桑法:五月取椹著水中,即以手溃之,以水灌洗,取子干阴干。治肥田十亩,荒田久不耕者尤善,好耕治之。每亩以黍、椹各三升合种之。"《齐民要术·种桑柘》记载:"桑椹熟时,收黑鲁椹……即日以水淘取子晒燥,仍畦种,治畦下水,一如葵法。"《齐民要术·种葵法》记载:"畦长两步,广一步。深掘,以熟粪对半和土覆其上,令厚一寸,铁齿杷耧之,令熟,足踏使坚平;下水令彻泽,水尽,下葵子,又以熟粪和土覆其上,令厚一寸余。"像种葵一样种桑以后,"常薅令净。明年正月,移而栽之,率五尺一根"(《齐民要术·种桑柘》)。当时人们对桑树栽种时疏密有所认识,"且概则长疾",即密能促使桑树的生长。另外在种植桑树的同时,实施桑黍以及桑、绿豆或小豆的混种,前者见于《氾胜之书》,后者见载于《齐民要术·种桑柘》,其曰:"其下常属掘种绿豆、小豆。二豆良美,润泽益桑。"混作除充分利用土地,多收一季作物以外,还具有"润泽益桑"的作用。

(2) 压枝法。

压枝是一种简便的无性繁殖方法。主要利用桑树枝条埋入土中能长出新根而进行的。

《齐民要术·种桑柘》载:"须取栽者,正月二月中,以钩弋压下枝,令著地,条叶生高数寸,仍以燥土壅之。土湿则烂。明年正月中,截取而种之。"这一方法是正月、二月时,用钩压低桑树枝条,贴近地面,然后用土掩埋使之生出新根,第二年截断与母树的联系,实行移栽,这一繁殖方式效果很好,不必经过幼桑阶段,很快便能获取桑叶,因此《齐民要术·种桑柘》说:"大都种椹,长迟,不如压枝之速。"因此,压枝方式在桑树繁殖中应用比较普遍。

(3) 桑树管理。

桑树栽培以后,管理便成为能否提供更多更好的桑叶的关键问题,秦汉魏晋时期，人们对此十分重视。

首先，十分注意桑叶的采摘。《齐民要术·种桑柘》记载："栽后二年，慎勿采、沐。小采者，长倍迟。"幼树采桑不仅得桑叶不多，还影响桑树的发育。"春采者，必须长梯高机，数人一树，还条复枝，务令净尽，要欲旦、暮，而避热时"。并对其理由有详细的说明："梯不长，高枝折；人不多，上下劳；条不还，枝仍曲；采不尽，鸠脚多；旦暮采，令润泽；不避热，条叶干。"

其次，对枝条的修剪给予极大重视。《齐民要术·种桑柘》曰："剥桑，十二月为上时，正月次之，二月为下。大率桑多者宜苦斫，桑小者宜省刻。秋斫欲苦，而避日中。冬春省剥，竟日得作。"桑树截枝以后，第二年枝条发育较好，枝繁叶茂，倘不予以修剪，则总是老枝，其生命力不强，其着生时又影响新生枝条的发育，桑叶产量不高。修剪时要注意时间的选择和程度控制，一般要避开温度高的时间，这样有利于桑树愈合创伤。秋天要大量修剪，"秋斫欲苦，苦斫春条茂"。冬天、春天则适度修剪。桑树经过长期人工栽培和修剪，由自然生长型逐步向人工剪定型发展，有利于桑叶的采摘和产量的提高，因此是我国劳动人民在桑树栽培管理方面的一项重要贡献。

3. 养蚕技术的进步

（1）选择种蚕。

蚕的繁殖中，选择蚕种是一个关键环节，当时人们十分注意优化选择。《齐民要术·种桑柘》记载："养蚕法：收取蚕种，必取居簇中者，近上则丝薄，近地则子不生也。"丝薄影响缫丝的质量，子不生则影响繁殖。

（2）人工低温催青制种和永嘉八辈蚕。

人工低温催青制种是一种延期孵化的方法。一般一年中二化蚕第一次产卵以后，卵在自然状况下经过七八天便能孵化出第二代蚕，如果将一代蚕卵进行人工低温催青，则能延期至21天孵化出第二代蚕，这样能增加养蚕的次数，达到多缫丝多织绸的目的。

人工低温催青制种主要利用孵的积温多少而实施的，一般情况下，一代孵在自然温度下经过七八天便能达到孵化的积温，人工低温催青是将卵置于低温中，使之达到孵化积温的时间延长至21天，这一方法的运用载于《永嘉记》中。

第八章 中国古代养蚕业

（3）调温养蚕。

蚕的生活环境对蚕的生长作茧影响很大，温凉湿燥都有一定要求。西晋杨泉《蚕赋》描述了当时人们对蚕室的湿度、温度适宜控制。其曰："温室既调，蚕母入处，陈布新种，柔和得所……爱求柔桑，切若细缕，起止得时，燥湿是候。"对温度和湿度的要求在此明确提出，表明人们此时对蚕的生活习性有一定了解，养蚕技术有相当大的进步。

（4）盐渍杀茧。

养蚕的目的是以茧缫丝。但蚕作茧后，易化成飞蛾，突破茧壳，茧即成废茧，不能缫丝作衣了。因此蚕作茧以后，如何妥善处理蚕茧，使之不成为废茧，是养蚕业中亟待解决的问题。这一时期人们发明了一种较好的方法，即是盐渍杀蛹贮茧。

据《药总诀》载："凡藏茧，必用盐官盐。"这是一种用盐杀死茧中蚕蛹的方法。《齐民要术》较详细记载了用盐杀蛹和日曝杀蛹两种方法的优缺点。其说："用盐杀茧，易缫而丝且刃。日曝死者，虽白而薄脆，朦练衣著，几将倍矣，甚矣，虚失岁功。"大意是用盐杀茧，其茧易于缫丝，并且丝有韧性。用太阳将蛹晒死，所缫之丝尽管白，但非常脆并无韧性，用其做成缣练等衣物与用盐处理的茧所做的衣物相差将近一倍，而且白费一年工夫。因此告诫人们"坚脆悬绝，资生要理，安不可不知哉"。

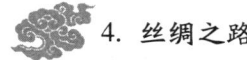 4. 丝绸之路

中国是世界上最早养蚕缫丝织绸的国家，并且在公元6世纪前是世界上唯一养蚕织绸的国家，因此很早便有丝织品传入西域。从考古发现来看，早在春秋战国便有丝织品传入西域，在阿尔泰地区卡童河、伯莱利河、乌苏耳河和乌拉干河流域发现的贵族石顶巨墓中，出土有中国制造的织物，这些墓葬约为公元前五六世纪，即为春秋战国之际。

西汉时期，匈奴强大，自恃兵强马壮，对西域各地区人们强迫使之纳税和遣送人质，阻碍汉朝与西域和中亚各国的商业往来。武帝时期，派张骞出使西域，在几次的出使中，对西域的物产、地理有所了解，中原的丝绸也随之传入西域，对如此精美的丝绸物品，西方许多国家闻所未闻，大为赞叹。由张骞和他的后继者所开通的联系中国和西域的通道也因此被称为丝绸之路。

隋唐宋元的蚕桑业

隋唐宋元时期，各朝政府相当重视蚕桑业，并采取措施鼓励蚕业生产，隋朝承袭北齐的受田制度规定把桑田作为"永业田"。唐朝推行"均田制"和"租庸调"。宋朝把绢帛当作对外贸易的主要物资和"岁币"，元朝政府命司农司撰写《农桑辑要》，苗好谦撰写《栽桑图说》并刊印发于民间。因此，唐宋时期蚕桑生产达到了鼎盛。

宋代由于北方人口南迁，经济中心南移，自然条件变更，蚕业生产技术南传，蚕业中心由黄河流域南移到长江流域，更由于造船技术航海技术的提高，海上"丝绸之路"的兴起，交通外贸的便利，极大地刺激了太湖地区的蚕业，南宋时期太湖流域已经成为蚕业中心。随着南方蚕桑生产的蓬勃发展，逐渐形成了一套适合南方自然条件的栽桑养蚕技术。桑树嫁接技术首先在南方出现。

1. 桑树嫁接

桑树嫁接是繁育桑苗的重要方式，嫁接繁殖能保留母树的优良性状，正如《士农必用》指出的：通过鲁桑与荆桑的嫁接，能吸取各自优势，得到根深叶茂的桑树，陈敷《农书》说：经嫁接后的桑树"其叶倍好"。可见早在1000多年前，嫁接技术在桑树上就得到了广泛的应用。嫁接技术在桑树上的应用和发展经历了漫长的过程。

2. 剪伐整枝技术的发展

桑树是多年生乔木，如果听凭其自然生长，那就必然长得树形高大，树条杂乱，叶肉薄，叶片小，不但采收管理不便，而且叶质不良、产量低，通过修剪整枝后养成一定的树型，既能维持树势又能方便管理，可获得适合饲养的桑叶。桑树的修剪整枝技术早在战国时期已经出现了，到了北魏时期，贾思勰《齐民要术》中提出了桑树剪伐的原则："大率：桑多者，宜苦斫；桑少者，宜省刻。"就是说：枝条丛密的桑树，修树时要多斫去些，枝条少的桑树宜少斫去些。唐代《四时纂要》从方便管理和采收着眼说：桑要"每年及时科斫，以绳系石坠四向枝，令婆娑。中心亦屈，却勿令直上，难采"。宋元

第八章 中国古代养蚕业

时期的《士农必用》说："锄头自有三寸泽，斧头自有一倍桑。"元代的《农桑辑要》说："科斫为蚕事之先务。"说明到了宋元时代人们对桑树修剪的重要性已有很深的认识。

 3. 桑树病虫害防治

宋元时期，对桑树病虫害的防治已相当重视，宋代的农学家陈旉在其《农书》中告诫大家："时时看虫、恐蚀损。"以防病虫危害。当时记载的主要病虫有：

（1）桑天牛。成虫多喜食嫩梢皮层，幼虫蛀食枝干，甚至深入根部，造成整株枯死，对天牛习性和生活史的最早记载见于《农桑要旨》："于盛夏时，率皆沿树身、匝地生子。其子，形类蛆。吮树膏脂，到秋冬渐大，蠹食树心，大如蛴螬，至三、四月间，化成树蛹却变天水牛。"

（2）桑金花虫。现名桑叶虫，成虫体蓝或浅蓝黑色，鞘翅蓝绿色，有金属反光，成虫出土危害桑枝梢端嫩叶，据《宋史·五行志》记载："太平兴国二年六月，磁州有黑虫群飞食桑，夜出昼隐，食叶殆尽。"可见桑黑金花虫危害的严重性。

（3）金桑。又名桑赤锈病，该病主要危害嫩芽和叶片、叶柄及新梢，叶片被害后，起初正反两面散生圆形有光泽小点，逐渐肥厚隆起，颜色渐转黄布满全叶，使叶质变劣。《分门琐碎录》记载："桑叶生黄衣而皱者号曰'金桑'，非特蚕不食，而木亦将就槁矣。"

桑树虫害的防治方法，当时主要有两种，一是人工捕捉，《农桑要旨》记载："有蜕蠰虫……必须上用大棒振落、下用布幅承聚，于上风烧之，桑间虫闻其气即自去。"王祯《农书》记载："凡桑果不无虫蠹，宜务去之，其法用铁线作钩取之。"对桑天牛幼虫捕杀。《农桑辑要》记载："当盛夏食树皮时，沿树身必有流出脂液湿处，离地三五寸即以斧削去，打死其子，其害自绝。若已在树心者，宜以凿剔除之。"二是药物防治，王祯《农书》记载："一法用硫黄及雄黄作烟熏之

乔木桑的桑树树型

即死，或用桐油纸燃塞之亦验。"《农桑辑要》记载用油杀虫剂防治天牛幼虫："治蛀虫，见有蛀虫，用江子仁一两和桐油二两，涂蛀虫，虫着即死。深入者，用铁丝蘸油深入杀之。"桑树虫害的发生同桑园荒芜、缺乏管理有密切的关系，所以《农桑辑要》说："凡诸害桑虫蠹，皆因桑隔荒芜而生。"可见防治结合、防重于治是我国桑树虫害防治中的一条重要的传统经验。

明清的蚕桑业

明清时期，我国栽桑养蚕技术有了很大的发展。蚕农们利用嫁接技术，培育出了新桑种湖桑；又利用杂交优势选育出家蚕的优良品种；在缫丝工艺上也有了较大的改进，生产出中外驰名的"辑里丝"。这是我国人民在蚕桑生产中，取得巨大成就的一个时期。

1. 优良桑种——湖桑的形成

明清时期，蚕桑事业中的一项重大成就，就是优良桑种湖桑的培育成功。湖桑来源于鲁桑，是通过嫁接逐渐选育出来的新桑种。湖桑是优良桑种的统称，如棉叶桑、青桑、荷叶桑等统称为湖桑。它们的共同特点是：叶大而厚、多津液，是蚕的好饲料。清代的《郡县农政》记载说：湖桑"叶厚大而疏，多津液、少椹。饲蚕，蚕大，得丝多"。从文献记载中，可看出当时人们已充分认识到用良种桑叶养蚕，能促进蚕体发育，提高丝的产量，获得较大的经济利益。

2. 选育蚕种新技术的创造

明清时期，利用蚕不同品种间的杂交优势，来选育家蚕良种，是我国家蚕育种技术上的一次飞跃。明代科学家宋应星在《天工开物·乃粒·种类》中说："凡蚕有早、晚二种……凡茧色惟黄、白二种。川、陕、晋、豫有黄无白；嘉、湖有白无黄。若将白雄配黄雌，则其嗣变成褐茧""今寒家有将早雄配晚雌者，幻出嘉种，一异也。"这说明当时已有两组家蚕进行杂交：一组利用吐白丝的雄蚕和吐黄丝的雌蚕杂交，产生出吐褐色丝的杂种蚕。另一组是利用雄性的"早种"与雌性的"晚种"进行杂交，产生出"嘉种"蚕。此种则是家蚕的良种。文中所说的"早雄配晚雌"，就是说用一化性的雄蚕与二化性的雌蚕杂交，便能得到"嘉种"蚕，该蚕可作夏蚕蚕种，直接应用到生产上。它不但能促使家蚕健壮，又能提高茧丝量。因此在生产中具有直接的经济意义。

此外，在《天工开物·乃粒·蚕浴》中，记述了一种浴蚕法："凡蚕用浴法，惟嘉、湖两郡。湖多用天露、石灰，嘉多用盐卤水。每蚕纸一张，用盐仓走出卤水二升；参水浸于盂内，纸浮其面（石灰仿此）。""计十二日周即漉起，用微火烓干……盖低种经浴则自死不出，不费叶故，且得丝亦多也。"浴种的好处是：发育不全的蚕卵会自行死去，健康的蚕卵得到了消毒，孵出来的蚕不费桑叶节省人力。另外，在《广蚕桑说辑补校订》中，记有一种腌种法："取蚕布轻轻扑去石灰，以炒熟之盐，俟其冷，匀铺其上。（以不露蚕子为度）随即折好，浸凉茶中……不腌者谓之淡种。淡种易病……而其茧转松而薄，不若盐种之茧坚厚。"总结出腌种的优点是蚕不易病，蚕茧坚厚，产丝多。

3. 蚕病防治

明宋应星《天工开物》中记载了根据蚕的外部特征，来判断蚕是否有病，以及采取的治疗方法等。"凡蚕将病，则脑上放光，通身黄色，头渐大而尾渐小。并及眠时，游走不眠，食叶又不多者，皆病作也"。发现有此种病蚕时，要"急择而去之，勿使败群"。在《育蚕要旨》中，总结了各种蚕病的起因以及防治的方法等，如"烂肚"是由于"伤热之故"；"空头"则是由于"小蚕失叶伤饥"引起。采取的防治方法是"必须勤替，方不传染"。强调勤观察，随去除。

4. 美丝法和辑里丝

明代在缫丝工艺上，创造出了美丝工艺新技术。其方法是："美丝之法有六字：一曰'出口干'，即结茧时用炭火烘；一曰'出水干'，则治丝登车时，用炭火四五两，盆盛，去车关五寸许。运转如风时，转转火意照干，是曰'出水干'

《蚕业史话》中的缫丝图

也。"利用这种方法能使丝很快干燥，达到圆滑不并丝和色泽光亮的效果。这种方法称为"美丝法"，是提高蚕丝质量的一项重要措施。

关于湖丝的记载，在明万历年间朱国桢的《涌幢小品》中，对闻名于世的"七里丝"有这样的描述："湖地宜蚕，新丝妙天下。又湖丝七里尤佳……其地去余镇（即南浔）仅七里，故以名。"在《南浔镇志》中记载了"辑里丝"，辑里丝是"七里丝"的别名，均指离南浔镇西南方7里路的一个村庄，"辑里村"人们也称"七里村"。在镇志中说："辑里……农民栽桑养蚕，产丝最著名甲天下，海禁既开，遂行销欧美各国。曰辑里丝。"因这一地区自然条件优越，农民善于栽桑养蚕，又有良种湖桑之叶饲蚕，加上精细的缫丝工艺，故所缫之丝色泽极佳，深受中外客商的赞誉。

 5. 柞蚕饲养业的发展

明清时期，柞蚕日益受到人们的重视。柞蚕饲养的地区逐渐扩大，由山东先后传到陕西、河南、贵州、辽宁、四川等地。如《清高宗实录》卷二二五中，记乾隆八年（1743年）四川按察使姜顺龙奏："四川大邑县知县王隽，曾取东省（山东省）茧数万，散给民间，教以喂养，两年以来，已有成效。"又乾隆九年（1744年）九月河南巡抚硕色奏："近有东省（山东省）人民携带（柞蚕）来豫，夥同放养，俱已得种得法。"以后又扩大到广东和海南等南方地区。

山东省是柞蚕生产发达地区，在山东《牟平县志》中有："本县山农，多享柞蚕之利。"又说"县境多山，柞、栎之木，最为易生之物，故放养柞蚕者，成为农家普遍副业……丝绸产品，成为出口大宗"。由此可见，当时山东柞蚕生产的规模较大，丝绸产品已大量出口并闻名于世。

明清时期，对于其他野蚕的利用也逐渐扩大，如樗蚕、天蚕和山蚕等也得到了利用。樗蚕也叫椿蚕，专食臭椿叶，原产山东；樟蚕，也称天蚕，原产于华南地区，在屈大均的《广东新语》中，有"天蚕出阳江，其食必樟柳叶，岁三月熟，醋浸之，抽丝长七八尺，色如金，坚韧异常"。目前，樟蚕主要分布在我国亚热带地区的广东、江西、广西、湖南、福建等省区。以广东的利用最早。山蚕，又称乌桕蚕，是我国最大型的野蚕，有"娥王"之称，原产华南山区。山蚕丝的利用在我国至少也有一二百年的历史了。

此外，在清代王元綎的《野蚕录》里，还记有"柘蚕椒蚕、棘蚕、柳蚕、等野生蚕种，这些野蚕在当时都已开始利用了。

中国古代养鱼业

原始社会是人类历史长河的源头。马克思主义认为：人类社会区别于猿类的基本特点，是能够制造工具，生产自己所必需的生活资料；而最初最古老的工具，是打猎和捕鱼的工具。也就是说，人类社会的生产活动是从捕鱼打猎开始的。让我们一起回顾我国古代渔业发展历程，去感受古代人的聪明智慧吧！

第一节
史前的渔猎活动

 **原始群时期的渔猎活动**

　　我国人类的历史，在距今170万年前的元谋人时期已经开始。1965年，在云南省元谋县发现了两颗古人类牙齿化石，经专家鉴定，牙齿的主人已不再属于猿类。发现地是一个盆地，位于金沙江边，并有龙川江流贯其间。从地理环境看，确是一个适宜捕食鱼类为生的好地方。除元谋人之外，还发现有陕西省蓝田县的蓝田人（距今80万～60万年），北京周口店的北京人（距今70万～20万年），广东省曲江县的马坝人和山西省襄汾县的丁村人（距今20万～10万年）。

　　元谋人是猿人阶段的早期代表，其遗物中有粗制石器，带人工痕迹的动物骨片。蓝田人和北京人的遗物中，除石器之外，还有骨器和木棒。可以肯定：我们的祖先在以果实、坚果为食之后，开始是徒手抓鱼，接着就是使用石器、木棒砍鱼。猿人时期，人的手臂较长，利于捕捉鱼类。《山海经》记载，有一种长臂人可以入水单手捕捉鱼类，上岸时能两手各抓一条大鱼。用木棒砍鱼，则一直延续到近世。现代考古人员曾在云南和四川省交界地区看到，当地的纳西族和普米族人，每年春季桃红柳绿之际，便利用鱼群到河流浅滩产卵的机会，用木刀砍鱼；在没有木刀的情况下，也使用木棒。纳西族和普米族人砍鱼的情形，称得上是刀（棒）不虚发，每砍必中。

　　马坝人和丁村人的遗物中，石器种类增多，已发展有刮削器、砍砸器、石球等，其中的砍砸器既可用于打猎，也可用于捕鱼。古文献记载，原始群时期之末，出现有渔猎并用的原始网罟。元谋人的洞穴中，有用火的痕迹，

第九章 中国古代养鱼业

北京人不仅使用天然火,而且能够保存火种,掌握了对火的控制使用。这种情况的出现,为捕食鱼类提供了更加有利的条件。

由于时代的遥远,原始群时期人类的遗物发现很少,但在古代文献中,却保存了一些非常珍贵的记述。如

鱼

《韩非子·五蠹》说:"上古之世,人民少而禽兽众,人民不胜禽兽虫蛇。有圣人作,构木为巢以避群害,而民悦之,使王天下,号之曰有巢氏。民食果蓏蚌蛤,腥臊恶臭而伤害腹胃,民多疾病。有圣人作,钻燧取火,以化腥臊,而民悦之,使王天下,号之曰燧人氏。"《易·系辞》说:"古者,包(伏)牺氏之王天下也……作结绳而为网罗,以佃以渔。"猎鸟兽为佃,捕鱼鳖为渔。这些记述,科学地反映了我国原始群时期的人类生活。

母系氏族时期的捕鱼活动

母系氏族公社是原始社会的高级阶段,在古人类学上它已结束了猿人和古人阶段,进化到了和现代人基本相同的新人阶段。这个时期,由于经验的积累,智力的提高,人们逐渐由男女杂交走上族外婚或"普那路亚"婚姻形态,即不同氏族之间的同辈男女互为夫妻(各有一个主要配偶)。这时女性处于支配地位,世系从母系计算,财产由母系继承。

母系氏族公社时期,打猎、捕鱼和手工制作领先发展,家畜饲养和农业种植相继出现。

在我国发现的母系氏族公社时期的人类化石,有广西壮族自治区柳江县的柳江人,北京市周口店的山顶洞人,东北三省、内蒙古、宁夏等地的细石器文化,河南省渑池县的仰韶文化,浙江省余姚县的河姆渡文化。

山顶洞人的生活时间,距今约5万年到1.8万年,遗物中有鱼骨、蚶壳等大量动物化石。其中一块草鱼骨钻有小孔,用赤铁矿粉涂成红色,说明山顶洞人不仅过着渔猎为主的生活,而且产生爱美观念,把鱼骨制成了饰物。

细石器文化(以细小的打制石器为特征)中,有一处黑龙江昂昂溪遗址,出土物中有骨制鱼镖、骨制枪头。鱼镖是投掷工具,是砍砸器的继续和发展。鱼镖中有一种带索镖,又称脱镞镖,即镖头系有绳索,击中目标后可以利用

绳索控制，把鱼捕捉上岸。我国不少民族的先人，都使用过这种带索镖。带索镖的出现是一个不小的进步，它比较灵活，对击中的目标可以"遥控"，寒冬或江河险处捕鱼，可以不用下水。

细石器文化属新石器时期。在它之前，山西省朔县峙峪一个旧石器晚期的遗址，还出土过石镞，即石制箭头。当时的弓箭，也是"以佃以渔"。反映原始社会人类生活的《易》的卦辞中，就有"井谷射鲋矽"的文句。

仰韶文化有一处著名的西安半坡遗址，出土有骨制鱼叉、鱼钩和石制网坠。同砍鱼、镖鱼、射鱼相比，钓鱼又是一种进步。不过，最初的钓鱼并不使用鱼钩。"姜太公钓鱼，愿者上钩"——人们把奴隶社会末期姜尚用直钩钓鱼传为笑谈。其实，直到20世纪40年代，云南省金平县的苦聪人妇女钓鱼，依然不用鱼钩。她们的钓法是：钓竿系一麻绳，绳端系上蚯蚓；钓时竿儿插在岸边，蚯蚓抛在水中，一旦鱼群游来吞饵，立即猛拉钓竿。此时，不仅能够拉鱼出水，而且还能准确地把鱼甩进身旁的竹篓里。苦聪妇女的这种钓鱼绝技，同钓鱼在母系氏族公社时期出现，可能有着一定的内在联系。

半坡遗址出土了许多彩陶——画有红色黑色花纹的陶器。花纹中有单体鱼纹、双体鱼纹，甚至还有人面鱼体鱼纹。人和鱼的结合，说明鱼不仅作为美的原型进入了艺术创作领域，而且在半坡氏族那里，鱼还可能是她（他）们的原始图腾。

河姆渡文化的河姆渡遗址，出土有青、鲤、鲫、鲇、黄颡、乌鳢等大量淡水鱼骨和鳍刺，还有中华鳖、乌龟、无齿蚌。尤其令人瞩目的，是出土了两件木桨。《易·系辞》说："伏羲氏刳木为舟，剡木为楫"。恩格斯说："火和石斧通常已经使人能够制造独木舟。"（《家庭·私有制和国家的起源》）桨的出现，证明了这些记述和论说。河姆渡文化时期，我们的先人已经具有水上捕鱼能力了。

母系氏族公社时期，人们也在海边抓鱼、镖鱼，多人张网下水捕鱼，可能还有射鱼，但主要手段还是采食贝类。至今在我国沿海地带，北起辽宁，南至海南岛，留置着无数的贝冢或贝丘——人们食后弃置的贝壳堆积如冢如丘。最大的贝丘，如辽宁省长海县小长山贝丘，长500米，宽300米，厚处2.5米。由于地区不同，贝丘的构成也不同。渤海黄海沿岸的贝丘，主要是蛤蜊、鲍、海螺。东海沿岸的贝丘，以牡蛎、小水晶螺为主。南海沿岸的贝丘，则以牡蛎、海蛏、魁蛤为多。这些数量众多的贝丘，是沿海先民生活的记录，也是《韩非子·五蠹》民食蚌蛤的物证。

158

第九章 中国古代养鱼业

父系氏族公社时期的渔业

生产力的不断提高,生产领域的逐渐扩大,特别是劳动复杂化和劳动强度增大,男性劳动者由于生理条件的优势,逐步在生产和经济生活中占有了支配地位。与此相适应,财产支配、继承和婚姻形态,也都发生了巨大变化:妻子从夫而居,世系由父系计算,财产由父系继承。

父系氏族公社时期,捕鱼、打猎、手工、家畜饲养、农业种植等,都在迅速发展。

在我国发现的父系氏族公社时期的文化遗址,数量很多,分布范围很广,著名的有山东省章丘县的龙山文化、泰安县的大汶口文化、浙江省余杭县的良渚文化、甘肃省广河县的齐家文化。在众多的文化遗址中,渔的遗址很多,特点鲜明,反映了捕鱼活动蓬勃发展的情景。

如果说,母系氏族公社时期半坡遗址出土过石制网坠,那么,父系氏族公社时期,网坠的出现已如雨后春笋。就全国的出土情况看,山东省的临沂县和烟台市、福建省的闽侯县、四川省的忠县、江西省的清江县和修水县、江苏省的吴县等,都发现了这一时期的石制网坠和陶制网坠。也就是说,父系氏族公社时期,全国几乎从南到北,从东到西,都在使用有坠渔网捕鱼。这是一件大事。原始社会时期,由于生产工具简陋,生产力水平非常低下,一个劳动者所得,不能保证自身最低的生活所需。加上疾病、战争,人们只能在极度艰难和野蛮状态中生活(人吃人的行为常常发生)。而有坠渔网的普遍使用,有助于这种情况的迅速改变。

随着渔网的普遍使用,还出现了非常讲究技巧的定置渔具。杭州水田畈遗址出土的鱼筌就是一种。它用竹篾编成,形如圆锥,顶端封死,开口处装用倒须漏斗。使用时放置于小河岔口,鱼顺水进入,便不能出。这个鱼筌,反映了父系氏族公社时期人们智力的迅速发展。

原来处于后进状态的海洋捕鱼活动,父系氏族公社时期也在奋起直追。山东省胶县一处胶州湾滨海遗址,属于大汶

渔网

口文化。在这里出土了大量食后弃置的海鱼骨骼。经鉴定,绝大部分是梭鱼、鳓和蓝点马鲛。这些游动快、性凶猛,特别是洄游外海的鱼类,是怎样捕获的呢?遗址北邻,属于龙山文化的庙岛列岛黑山岛北庄遗址,恰好出土了木石结构的碇,以及石制和陶制的网坠。碇是系舟(桴)的器物,有舟才会有碇。不言而喻,碇和网坠的发现,对于上述海鱼的捕获手段,做出了令人信赖的说明。看来,父系氏族公社时期,海洋捕鱼活动也发生了飞跃,我国早期的海上渔场在黄渤海上出现了。

生产的发展,推动着社会的前进:父系氏族公社变成了农村公社或农村部落(一个氏族的聚居地由不同氏族的一夫一妻家庭聚居所代替);独立的部落,又发展成部落联盟。约在尧舜时期,我国的原始社会开始解体,古代国家机器破土萌芽。古文献记载,尧为部落联盟领袖,年老时,经四岳十二牧会议同意,选举舜为接班人。舜名重华,原是有虞氏的部落长(活动据点在今河南虞城北)。他能耕、能陶、善渔。《韩非子·难一》记载:"河滨之渔者争坻,舜往渔焉。期年而让长。"舜接任部落联盟领袖之后,根据当时生产发展和社会进步的情况,开始在部落联盟领导机构中分设了司空、稷、司徒、共工、虞、秩宗等官职,其中的虞负责管理山泽,也就是管理打猎、捕鱼。就是说,原始国家机构一出现,就设有渔业管理部门。第一位主持虞的工作的人叫益。《史记·五帝本纪》说:"益主虞,山泽辟。"益对渔业的发展,做出了重要贡献。

第二节
夏商周时期的渔业

公元前21世纪,中国进入奴隶制社会夏朝。夏朝从禹开始,到桀灭亡,共历时400多年。夏人活动的中心地区,西起今河南西部和山西南部,沿黄河东至今河南、河北、山东三省交界的地方。古今地理情况不同,古代,这

第九章 中国古代养鱼业

一地区除黄河、伊水、洛水、汾水、济水等河流之外，还有着为数众多的湖泊和池沼。农业和渔猎是夏人的两个主要生产部门。《古本竹书纪年》载，夏王"芒命九夷，狩于海，获大鱼"，反映了当时大规模使用奴隶的渔猎活动。夏朝末年，居住在黄河下游的一个叫作商的夷人方国开始强盛起来，向着黄河中游发展其势力，最后推翻了夏朝，建立了商朝的统治。商朝自汤至纣，约历600年，其间社会经济有了进一步发展，扩大了农业、畜牧业和手工业之间的分工，渔业生产也相应地进一步专业化。商代遗址出土有龟甲、鲸骨、海贝等，这些产于渤海、黄海、东海和南海的水生生物的遗骸，说明渔业生产的范围也扩大了。商代后期，地处黄土高原的周部落兴起，公元前11世纪，武王灭商，建立了周朝。周朝自武王起到公元前266年东周为秦所灭，共历800多年。周代渔业生产的范围进一步扩大。《周礼·职方氏》将天下分为九州，其中青州、兖州、幽州等，或者"其利蒲鱼"，或者"共利鱼盐"。位于渤海之滨的齐国，是西周开国元勋姜子牙的封国。《史记·齐太公世家》记载：太公就国后，"通工商之业，便鱼盐之利，而人民多归齐，齐为大国"。《周书》曰："虞不出则财匮少。"虞，就是掌管山泽的原始官职。这话是说，山泽的渔猎生产是垦家和社会的主要财源。西周后期，厉王"好利"。这位国王下令把山林川泽收归国家专利，不许劳动人民捕捞采樵，引起中小农奴主及广大劳动人民的普遍反对。公元前841年在国都镐京酿成"国人暴动"，打击锋芒直指厉王及其同伙，结果厉王本人只好弃位逃跑了事。战国时期，孟轲在向梁惠王陈对治国兴邦之策时，把"不违农时""数罟不入洿池""斧斤以时入山林"，作为"王道之始"——王道政治的最低纲领。以上说明，夏商周时期，渔业有了进一步发展，在社会经济中占有十分重要的地位。

 蓬勃发展的早期捕捞渔业

同原始社会相比，夏商周时期的捕捞渔业有了巨大的进步。这种进步首先表现在捕捞工具的发展上。归纳起来，这一时期捕捞工具的发展，可以分为网渔具、钓鱼具和杂渔具三大类。

1. 网渔具

渔网（古称网罗）始自原始社会。人们利用植物纤维编织渔网，张捕或

铜鱼钩

拖捕鱼类。夏文化遗址出土有网坠。殷墟甲骨文"渔"字,象征双手拉网捕鱼。到周代,渔网因捕捞水域和捕捞对象的不同,已有不同的名称。一种大型渔网名罛,是专捕鳣鲔(鲟鳇鱼)等大型鱼类的。一种中型的渔网名九罭,这种网具的尾部有许多小袋,后世也称百袋网,是用以捕捞赤眼鳟和鳊等鱼类的。另有一种小渔网名汕,用以抄捞小鱼。夏商周三代的渔网,都已腐烂消失,至今未见遗物出土,但《诗经》中对以上各种网具都有明确的记载。从周代使用的纤维材料来看,主要是麻。《诗经·陈风·东门之池》曰:"东门之池,可以沤麻""东门之池,可以沤纻"。"东门之池,可以沤菅"。麻的使用已经开始。

 2. 钓渔具

1952年,河南偃师二里头早商宫殿遗址出土一枚铜鱼钩。这一枚鱼钩钩身浑圆,钩尖锐利,顶端有一凹槽,用以系线。从制造技术看,已有较高的制作工艺(这是我国出土的最早期金属鱼钩)。到春秋时期,随着铁器的出现,鱼钩又开始改用铁制。周代对钓竿、钓线、钓饵以及浮子等构件都很重视。钓竿选用长而坚挺的竹竿。钓线早期使用植物纤维,周时改用丝线,丝线轻而拉力强,有很好的使用效果。《诗经·召南》:"其钓维何,维丝伊缗。"《列子·汤问》记有"詹何钓鱼"的寓言故事,其中说到詹何钓鱼"以独茧丝为纶"。钓饵也很受重视,一般选择鱼爱食之物,如小动物、米粒等。此外浮子也是钓具上的重要附属物,通常使用秸梗等植物,也使用羽毛。

 3. 杂渔具

杂渔具是指网、钓以外的各式渔具,带有较强的地区性。夏商周三代使用的杂渔具很多,有鱼叉、弓箭、鱼笱、罩等。鱼叉开始用骨木制作,后来逐步改用铜铁制作。弓箭的使用和原始社会相同,既是武器,又是捕鱼和打猎的工具。周代使用弓箭射鱼的记载很多。如《春秋》诬鲁隐公"矢鱼于

棠"，说明当时使用弓箭射鱼相当广泛，已经形成这样的概念：一般捕鱼均称"矢鱼"。鱼笱是一种捕鱼竹笼，口部装有倒须，放置在鱼类洄游通道上，鱼能进不能出。《诗经·齐风·敝笱》："敝笱在梁，其鱼鲂鳏。"罟是一种捕鱼篓，以竹或荆条编制而成，捕鱼时由上向下罩捕鱼。梁是一种捕鱼设施，在河渠上筑一梁（水堰）拦水，梁上开一缺口，承以鱼笱，鱼顺水从梁流下，落入笱中。鲂鳏是鱼的名称。

周代还曾出现一种叫潜的渔法。它将柴木置于水中，引鱼栖居其下，围而捕取。

周代，海洋捕捞技术也有相当大的进步。《管子·禁藏》曰："渔人之入海，海深万仞，就彼逆流，乘危百里，宿夜不出者，利在水也。"

由于捕捞工具的改进，周代的捕捞能力明显提高，当时捕捞的有淡水鱼类，也有海洋鱼类，不仅能捕中上层鱼类，而且也能捕到少数底层鱼类。体形有中小型的，也有大型的。据《诗经》记载，当时捕食的鱼类有鳣（中华鲟）、鲔（白鲟）、鲤、嘉鱼（白甲鱼）、鳏（鲅）、鳟（赤眼鳟）、鲂、鱮（红鳍鲌）、鲦（鳌条）、鲔（鲢）、鳠（黄颡鱼）、鲨、鳢（乌鳢）13 种。《尔雅·释鱼》记载的鱼名更多，达 22 种，说明捕捞的范围在继续扩大。

养鱼起始和《陶朱公养鱼经》

我国养鱼的历史。在商代后期就已开始。最早的书载见于殷墟（今河南安阳市小屯）卜辞：

"贞：今日其雨？十一月，在圃鱼（渔）。"

"贞：今…其雨？在圃鱼。"

"贞：其风？十一月，在圃鱼。"

"辛未卜，贞：今日鱼？十二月，在圃鱼。"

众多的卜辞记载商王于秋冬之季在圃捕鱼。圃是商王的园囿。（《左传》载，郑称圃，秦称囿）园囿中放牧各种走兽，也放养大量鱼类。《太平御览·居处·苑囿》引《风俗通》说："囿者，畜鱼鳖之处也。囿，犹育也。"从上述记载看，我们可以知道：圃是殷王畜鱼鳖之所；"在圃鱼"，捕的是人工放养的鱼类。

殷王室在园囿内大量放养与捕捞鱼类，与供祭有重要关系。商代以宗族统治为核心，十分崇拜祖先。祭祀祖先成了国家政治生活中的头等大事，国王经常亲渔供祭,一年中多次举行。这样为了保证祭祀用鱼,殷王就将从天然水域中捕捞的鱼放养在他的园囿中,以备所需。

殷代放养鱼类,也和畜牧经验的积累有关。当时畜牧业已很发达,出现六畜兴旺的景象。据甲骨文记载,当时豢养的有马、牛、羊、猪、狗、鸡,有的用作役畜,有的以供食用。饲养动物的经验多了,便从陆上动物扩展至水中动物。所以在我国早期的文献中,将养鱼称作水畜。

西周时期,奴隶主的园囿养鱼继续发展。《诗经·大雅·灵台》:"经始灵台,经之营之。庶民攻之,不日成之……王在灵沼,于牣鱼跃。"灵台是周文王的苑囿,其中挖有"灵沼"(养鱼池)。周文王来游灵沼,看到许多鱼儿跳水嬉戏。《诗经》的这一记载,反映了周初的养鱼情况。据考,灵沼开凿于公元前1137年,地址在今陕西长安县海子村附近,今已全部干涸,辟为农田。

春秋战国时期,人工养鱼进一步发展。

《孟子·万章上》:"有馈生鱼于郑子产,子产使校人畜之池。"

《吕氏春秋·必已》:"宋桓司马有宝珠,抵罪出亡,王使人问珠之所在,曰投之池中。于是竭池而求之,无得,鱼死焉。"

《太平御览》卷九三五引《百家书》:"宋城门失火,因汲取池中水以沃灌之,池中空竭,鱼悉露死。"

值得特别提出的是,据北魏贾思勰《齐民要术》记载,这个时期还出现了我国最早的养鱼著作《陶朱公养鱼经》(亦称《范蠡养鱼经》)。范蠡,春秋末期越国大夫、上将军,公元前473年越国灭吴之后,离越抵齐、"耕于海畔"。时值齐国内部发生"田氏代齐"斗争,齐国实际统治者田常"闻其贤,以为相"。不久,辞相居陶(今山东定陶),称朱公,父子致力养鱼经商,直至终老。《齐民要术》所录《陶朱公养鱼经》,即记田常聘范蠡和范蠡向田常讲授养鱼的事,原文如下:

"田常聘朱公,问之曰:闻公在湖为渔父,在齐为鸱夷子皮,在西戎为赤精子,在越为范蠡,有之乎?曰有之。曰公任足千万,家累亿金,何术乎?朱公曰:夫治生之法有五,水畜第一。水畜所谓鱼池也。以六亩地为池,池中有九洲。求怀子鲤鱼长三尺者二十头,牡鲤鱼长三尺者四头,以二月上庚日内池中,令水无声,鱼必生。至四月内一神守,六月内二神守,八月内三神守。神守者鳖也。所以内鳖者,鱼满三百六十,则蛟龙为之长,而将鱼飞去。内鳖则鱼不复去,在池中周绕九洲无穷,自谓江湖也。至来年二月,得鲤鱼长一尺者,一万五千枚,三尺者四万五千枚,二尺者万枚。枚直五十,

得钱一百二十五万。至明年，得长一尺者十万枚，长二尺者五万枚，长三尺者五万枚，长四尺者四万枚，留长二尺者二千枚作种，所余皆货，得钱五百一十五万。候至明年，不可胜计也。"

"常乃于后苑治池，一年得钱三十余万。"

鲤鱼

"池中九洲八谷，谷上立水二尺，又谷中立水六尺。所以养鲤者，鲤不相食，易长又贵也。"

《陶朱公养鱼经》是我国最早的一篇养鱼著作，也是世界上最早的一篇养鱼著作。这篇著作虽然全文不足 500 字，但它言简意赅，内涵丰富，不仅对我国战国、秦汉、三国及两晋时期的养鱼事业起过巨大指导作用，而且对欧洲的养鱼事业也产生了深远影响。

《陶朱公养鱼经》是以鲤鱼为对象，这正是总结群众养鱼经验的结果。可以推想，当池塘养鱼才开始的时候，必定有不少种鱼自天然水体中捕来而放在池中试养，其结果可以推想得到，其中有些鱼养不活，也有些鱼养活了但不繁殖。只有鲤，在池中养得活而又能繁殖。这是成功经验，逐渐推广，而奠定了鲤鱼为当时唯一的养殖对象。《陶朱公养鱼经》所述，主要是用鲤鱼亲鱼进行自然繁殖，其方法是简单而有效的。

第三节 春秋至唐宋时期的渔业

春秋战国时期的渔业

根据古籍著录，春秋战国时期加强了对渔业的管理并采取措施，保护水

产资源，发展人工养鱼，所以在春秋战国时期渔业生产和渔业技术都有所发展。

主要表现在以下几方面：

 1. 保护水产资源

强调保护和合理地利用水产资源，是春秋战国时期渔业生产的一个显著特点。它反映了当时人们对鱼类生长活动规律有了初步认识和对自然资源的重视。

为了有效地保护水产资源，当时采取的措施主要有两条：一是严格时禁；二是限制细眼网。所谓严格时禁，就是"取之有时"，不到时节，严禁捕捞。《国语·鲁语》中说，蛰虫始振的孟春以后，鱼鳖之类均已长成，水虞（管理渔业生产的一种官职）于是讲习渔网，"取名鱼（大鱼），登川禽（鳖及大蛤之类）"，用以祭祀宗庙，宣布开网禁，使人们开始捕鱼。夏季以后，"水虫孕"，正值鱼孕育的时候，水虞就宣布网禁，停止捕捞，以便使鱼类生息繁育。书中还记载了这样一件事：鲁国的国君宣公有一年夏季在泗水用网捕鱼，他的大臣里革见到后走上前去，毫不客气地"断其罟（即渔网）而弃之"，并指责宣公说："今鱼方别孕，不教鱼长，又行网罟，贪无艺（极）也！"鲁宣公当即承认自己不对，感谢里革"为我得法"，于是令人将渔网保存起来，表示要永记不忘。从这一史实，可以看出当时的时禁是异常严格的，上至国君都不得不遵。对时禁的重要意义，《荀子·王制篇》有精辟的论述："鼋、鼍、鱼、鳖、鳅、鳣孕别（即产卵）之时，网罟毒药不入泽，不夭其生，不绝其长也……污池渊沼川泽，谨其时禁，故鱼鳖优多而百姓有余用也。"

所谓限制细眼网，就是禁止捕捞小鱼。《国语·鲁语》说："鱼禁鲲鲕。"韦昭注曰："鲲，鱼子也；鲕，未成鱼也。"即禁捕鱼苗。《礼记·月令》说："毋竭川泽，毋漉陂池。"即禁止竭泽而渔。孟轲说："数罟不入洿池，鱼鳖不可胜食也。"汉赵岐注："数罟，密网也，所以捕小鱼鳖也，故禁之，不得用。鱼不满尺，不得食。"用毒药捕杀鱼类也是不允许的。这在战国时秦国的法律中已有"毋毒鱼鳖"，以保护鱼类资源的明文规定。

关于限制细眼网，保护幼鱼资源的重要意义，《管子·八观篇》中有一段论述讲得很明白："江海虽广，池泽虽博，鱼鳖虽多，网眼必有正。般网不可一裁而成也。非私草木爱鱼鳖也，恶废民于生谷也。"其意是说，江河湖海面

第九章 中国古代养鱼业

积虽然很大，鱼类资源虽然很多，但终不是无限的，因此，网眼必须有个成规，并且要加以限制。对于不同的捕捞对象，要用不同的渔船和网具，不可按一个规格"一刀切"。这样做，不是偏爱草木鱼鳖，而是为了人们子孙后代的长远生计。也正如《吕氏春秋·义赏篇》所说，"竭泽而渔，岂不获得，而明年无鱼"。为了满足人们对水产品的长远需要，必须严格保护水产资源，而不是破坏水产资源，这个规律在2000多年以前，我们的祖先就有了明确的认识和掌握，这对我们今天发展渔业生产仍有重要的现实意义。

 2. 发展人工养鱼

春秋战国时期，人们对养鱼的经济意义有了一定的认识，从而促进了人工养鱼的发展。如公元前5世纪，越王勾践被吴王打败后转移到会稽（今浙江绍兴），谋臣范蠡看到会稽山上有两处鱼池，他立即建议说："臣窃见会稽之山有鱼池，上下二处，水中有三江四渎之流，九溪六谷之广，上池宜于君王，下池宜于臣，

水产、渔业养殖

畜鱼三年，其利可以致千万，越国当富盈。"越国发展养鱼后，"三年致鱼三万"，对经济的复兴起了很大作用。《吴郡诸山录》说，吴王有鱼域在田间，可见当时太湖四周的池塘养鱼也已具有相当大的规模。

春秋晚期越国的政治家范蠡（亦名陶朱公），以善养鱼而著称，他认为养鱼可以繁荣经济，使国家富强，因此积极倡导人工养鱼。《养鱼经》一书，即后人假托范名所撰。

秦汉至唐宋时期的渔业

 1. 养渔业概况

公元前221年，秦始皇统一中国，至公元1279年南宋灭亡，经历两汉、三国、两晋、南北朝、隋、唐、宋等朝代，其间随着社会生产力水平的提高，

特别是铁制生产工具的普遍使用，渔业得到了更大规模的发展。

西汉初期，汉文帝"开关梁，驰山泽之禁"，在战争的废墟上恢复和发展了渔业生产。汉武帝时期，朝廷大规模兴修水利，扩大了渔区，以国都所在的关中地区为例，除原有的郑国渠之外，又开凿了漕渠、灵轵渠、成国渠、六辅渠、白渠。这些水渠不仅灌溉农田，而且发展了渔业生产。拿白渠来说，它在渭水之北，西起谷口，东入栎阳，引泾水，注入渭水，与郑国渠平行，长二百里。渠成当时有歌谣赞曰："郑国（渠）在前，白渠起后，举锸为云，决渠为雨。水流灶下，鱼跳入釜。"这个歌谣说明了水渠所经之处，产鱼之丰。当时不仅鱼的产量增加，而且市场上也出现了大量商品鱼。对此司马迁的记述是："鲐鲞千斤，鲰（杂小鱼）千石，鲍（咸鱼）千钧。"（《史记·货殖列传》）两晋、南北朝至隋朝，是我国社会大分裂时期，战祸连绵不断，黄河流域的渔业生产大部分陷于停滞状态。但在南方的长江流域，丰富的鱼类资源得到开发利用。郭璞《江赋》描述长江渔业时写道："舳舻相属，万里连樯，溯洄沿流，或渔或商。"这个描述反映了长江渔业生产、交换的盛况。

东汉开始，随着地主阶级的兼并土地，出现了"庄园经济"，官僚豪强兼并良田之外，还"封锢山泽"（霸占山泽）。发展到东晋，情况更加严重。《晋书·刁逵传》载：逵为广州刺史，家居京口（今江苏镇江），这个豪门除之家拥有万顷良田之外，还"固吝山泽"，霸占江湖，时人称为"京口之蠹"。公元403年刘裕（宋武帝）掌握东晋政权之后，处决了刁逵全家，下令禁止"封山锢泽"。后来，萧道成建立南齐王朝时，也下令诸王不得封略江湖。宋齐两朝的政策，于劳动人民有利，继续推动了渔业的发展。

唐宋是我国传统渔业发展的高峰，主要渔业区在长江和珠江的中下游地区。诗人白居易曾说："湓（今江西九江市）鱼贱如泥砂"，可见产量之丰。到宋代，渔业生产的重心又从内陆水域转向近海，大量海洋渔业资源被开发利用。可以说，自秦汉至唐宋的1500年间，渔业在铁器时代条件下得到了充分发展，并在唐宋时期出现了一个"渔文化"高潮。

秦汉以后，我国以养鲤为主的淡水养鱼，不论在规模和技术方面都在继续发展。水利工程较多的关中、汉中、四川、南阳和襄樊等地区，是重要的养鱼区。养鱼的水域有池塘和湖沼；三国时期四川郫县开始进行稻田养鱼。由于《陶朱公养鱼经》的影响，已从前代对象无定的畜养方式，进入了以鲤鱼为主要对象的放养阶段。

中晚唐时期，淡水养鱼又发生了突破性进展。主要标志是：养殖品种从

第九章 中国古代养鱼业

传统单一的鲤鱼增加了青、草、鲢、鳙；适应养殖业的发展，鱼苗捕捞装载业应运而生。养殖业与鱼苗捕捞装载业互为因果，互相促进，在我国渔业发展史上产生了深远的影响。

李唐王朝的初、中时期，采取了一系列发展生产的措施，使生产和人口都得到恢复和发展。尤其是"贞观之治"和"开元之治"，被称为我国封建社会的清平盛世。这个时期，不仅农业五谷丰稔，手工业、矿冶业、染织业、造船业、制瓷业等也都有较大的发展。而且由于商品生产和市场交换的增多，涌现一批人口众多的城市，如西京（今长安）、东京（今洛阳）、广州、扬州、泉州、楚州（今江苏淮安）、洪州（今江西南昌）、荆州（今湖北江陵）、明州（今浙江宁波）、益州（今成都）、汴州（今开封）等。当时的情况是："城中有市，市中有行，行中有肆。"以西京为例，唐时商业的"行"发展到220个，而"鱼行"又是众多"行"中的一个大行。

市场需求扩大，对"有利则身行，求利无不营"的商贾和商品生产者来说，无疑是致富的良机。然而鱼行鱼货绝大多数都是鲤鱼的商情，又束缚了他们求利之术，限制了他们的求利之道，强烈的利欲促使他们另辟蹊径。于是开发和扩展养殖品种，已成为产供销的一致要求。此外，从追求经济效益角度来看，属于底层鱼类的鲤鱼，食量大，生长也较慢。特别是亲鲤难求的客观现实，早在南朝时期就已存在。在诸多矛盾之中，只有突破传统，别无选择。这与丝织业方面传统原料家蚕丝供不应求、代之以野蚕丝大量应市的情况，极为相似。

青、草、鲢、鳙养殖在晚唐起始之后，北宋时迅速发展，尤其是长江流域，养殖大盛。

中晚唐时期养殖对象的扩大，论者多认为传统养鲤业的衰落为其直接原因。而养鲤业的衰落则又是李唐王朝禁捕、禁食、禁卖的结果。"必河之鲤，用表皇族"。"鲤""李"同音而避讳，有一定的历史背景。然考诸武德、贞观、永徽、开元四种唐律，定留500条，均无明载。鲤鱼失去"独养"局面的原因，归根结底是生产力发展和市场需要扩大的结果。

唐代打破了"惟鲤独养"的局面，但鲤鱼在这一次突破性选择中，并没有被淘汰。鲤鱼的一些优良品种，如黄河的金丝鲤鱼，其身价仍然"足以压倒鳞族"，能吃上它"当为生平口福第一"。因此，青、草、鲢、鳙养殖的兴起，并不是养鲤业的衰落，而恰恰是我国整个养殖业的发展和进步。

2. 苗种繁殖与供应

　　同养殖业发展息息相关的是苗种供应。早在北魏时期，贾思勰就已提出："三尺鲤鱼，非近江湖，仓卒难求。"到了唐代，在商品经济冲击下，从事苗种生产的渔户便应运而生，唐末段公路《北户录》载："南海诸郡，郡人至八九月，于池塘间采鱼子着草上者，悬于灶烟上，至二月春雷发时，却收草浸于池塘间，旬日内如虾蜹子状，悉成细鱼，其大如发。土人乃编织藤竹笼子，涂以余粮或遍泥蛎灰，收水以贮鱼儿。鬻于市者，号为鱼种。鱼，即鲮、鲤之属，育于池塘间，一年内可供口腹也。""南海诸郡"，指福建南部及两广沿海的广大地区。孵化方法仍属天然孵化。不同的是，将有鱼卵的草把置于烟灶上，使之有较高的越冬温度，提高孵化率。"余粮"，即禹粮，亦称禹粮石，系一种褐铁矿石。蛎灰即牡蛎壳火化之灰。以此泥涂于藤竹笼子，成为我国最早的鱼篓，是"细鱼""鱼种"的中短途运输工具。所售鱼种有鲮、鲤两种以上。《北户录》另载有一种得细鱼法，即载取大鱼多的薮泽陂湖的水滨之土，放在鱼池中。因土中已先有鱼卵，得水而孵，两年之内，即生大鱼。此法在南北朝时，就已作为《齐民要术》之一法，所孵细鱼以鲤、鲮、鲫居多。另据宋代叶梦德《避暑录话》所引的《大业杂记》称，吴郡人送太湖白鱼种子置苑内海中水边，十余日即生。"大业"，系隋炀帝年号。若此，则太湖白鱼子的孵化术，在隋代的苏州一带就已出现。

　　唐代昭宗（889—904 年在位）时，今广东新兴、罗定等西江流域一带的农户，结合垦荒改土，在田舍旁挖地，开春后贮雨水，买鲩鱼子撒于田内，一年后"既为熟田，又收鱼利"（刘恂《岭表录异》）。值得注意的是，此放养法是撒布买来的鱼子。由此可知，唐末从事苗种生产之人，也捞取大江中的鱼卵发卖，说是鲩鱼子，实际上青、鲢、鳙等鱼子也混杂其中。五代十国至北宋初年，长江流域的养殖业发展较快，也刺激了鱼苗业的大发展。据范镇（1007—1088 年）《东斋纪事》记述，11 世纪中叶，江湖间筑池塘育苗的岁入之利，多者数千缗，少者亦不减数十百千。

鲢鱼

第九章 中国古代养鱼业

宁宋嘉泰（1201—1204年）间编修的《绍兴府志》说，绍兴、诸暨以南大片地区的大户人家，都从江州鱼苗贩子中买苗种凿池养鱼，"其间多鳙鲢鲤鲩青鱼"。说明鱼苗供应和池养品种已渐趋定型，鳙鲢鲩青四种鱼名正言顺地进入了池塘生态的家养。

江滨之人，得天独厚。除经济上直接受益之外，还在技术上造就了众多的鱼苗装捞、培育、运输等方面的专业人才，积累了一整套宝贵的经验。周密（1232—1298年）《癸辛杂识》所载鱼苗装盛工具（鱼笭）、运输方法（换水、激水）、除野（能伤共众，稍大而黑鳞者去之），至养畜地时的锻炼（纵鱼苗于广水布兜中养之一月半月）等苗种培育方法，非特在鱼苗盛产区的江西九江一带，就连建昌，福州、建瓯、衢州、金华等地池塘养殖业兴盛的地区，也都基本一致。

以上所述表明，我国鱼苗生产装捞，从唐宋时代开始，已向专业化方向发展。

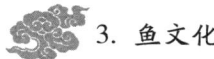 **3. 鱼文化**

早从原始社会的彩陶起，我们的祖先就创作了单体鱼纹、双体鱼纹等"鱼文化"。并在图腾崇拜中，塑造出了中华民族的伟大象征——龙。其后在神话创作中，又是鱼龙同族，只有鱼可以变化为龙。无疑，这些都反映了中华民族的祖先对于渔业的依赖。随着封建生产力的发展，传统渔业的繁荣，唐宋时期又出现了一个新的渔文化高潮——许多文人名家纷纷以渔为题材，写下了大量诗、词、歌、画。

作为上层建筑的文学艺术，归根结底，是经济基础的反映。唐宋时期出现的渔文化高潮，不仅反映了当时的渔业生产力水平，渔业的重要经济地位，而且也反映了渔民的艰辛和智慧，渔具渔法的"穷其极趣"，以及江海河山瑰丽多姿，水产珍品佳肴美味，等等。在唐宋文人的笔下，渔民"能纵棹，惯乘流"；或者"漾舟沉网""截江一拥数百鳞"；或者"采珠役象"，在"恶波横天"的海上独显身手。由于"海人"、渔民的艰险生产，使国家富庶，皇帝奉养充足——"未央宫中常满库"。同样，在唐宋文人大家的笔下："凉月如眉挂柳湾，越中山色镜中看""断云一叶洞庭帆，玉破鲈鱼霜破柑"。真是江山如画，美不胜收。尤其令人感叹的是，一些名人大家对于渔业深沉的感情投入，他们借渔抒怀，以渔言志，直至躬亲开池养鱼种荷，或者"独去作江边渔父"。

第四节
元明清时期的渔业

明清时期的渔业概况

明清时期，我国鱼类养殖，在鱼苗采集、育种、成鱼饲养、鱼病防治等方面，都有不同程度的发展。

1. 池塘混养技术的提高

明清时期，我国鱼类的混养技术已达到较高的水平。明代《广志绎·江南诸省》中，记载了我国草鱼、鲢鱼混养技术。文中说："吴、越养鱼，入池当夹草鱼养之，草鱼食草，鲢则食草鱼之矢（屎），鲢食矢（屎）而近其尾，则草鱼畏痒而游。草游，鲢又随觅之。凡鱼游则尾动，定则否，故鲢草两相逐而易肥。"明确指出了草鱼和鲢鱼之间互相依存、互相促进的生态关系。在《农政全书·牧养》中，也记有"畜水至清明前后，出时买鲢鱼、鲜鱼苗，长一寸上下者，每池鲢六百，鲜二百，每日以水荇带草喂之"。这种混养方法，不但能节省饲料，而且能达到鲢、草两相逐而易肥的目的。另外，在鱼种搭配比率上也积累重要的经验。在汪日桢的《湖雅》中说："有花鲢、黄鲢、白鲢三种，鲩鱼即草鱼，乡人多畜之池中，与青鱼俱称池鱼，青鱼饲之以螺蛳，草鱼饲之以草，鲢独受肥，间饲之以粪，盖一池中畜青鱼、草鱼七分，则鲢二分，鲫鱼鳊鱼一分，未有不长养者。"这一经验至今在渔业生产上仍有重要的参考价值。

2. 珍珠和贝类的人工养殖

珍珠人工养殖，当时称为种珠法，人工养珠开始出现于宋代，当时只是一种设想和试验。到明清时期已发展到生产阶段。据《广阳杂记》记载，开始是"用碎珠为末，以乌菱角壳煎膏为丸，纳蚌腹中，久自成珠"，后来进行改进。"砗磲（蚌类）为珠形，置大蚌中，养之池内，久则成珠"。浙江湖州的人工养珠与此稍有不同，据《湖雅》记载："二月中，取十大功劳洗净，捣自然汁，和细药珠末成丸如黄豆大，外以细螺钿末为衣，漆盒滚圆晒干，启蚌壳，内之，每日依时喂养药一次，勿误时刻……养至百日，即成真珠，市中所售，大半种珠。"

但这种珍珠的养殖方法，所需的原料比较昂贵，成本较高，后来又进一步改用鱼鳞，这样就大大降低了成本，从而促进了珍珠养殖的发展，这一办法见于《德清县新志》："将鱼鳞捣烂，裹以王村后汗田中土，搓圆嵌于蚌壳内，蓄诸池一二年后取出似真珠……近销苏浙，远贩四川。"可见这时的人工珠已进入生产性阶段。

明清两代我国贝类养殖已相当发达。屈大均的《广东新语·介语·蠔》中介绍了广东养蠔、蛏的情况："东莞新安有蠔田，与龙穴洲相近，以石烧红散投之，蠔生其上，取石得蠔，仍烧红石投海中，岁凡两投两取，蠔本寒物，得火气其味益甘，谓之种蠔，又以生以水者为天蠔，生于火者为人蠔。"这一时期，投石养蠔已较普遍，主要集中在福建、广东、浙江沿海一带。在福建的霞浦县还创造了一种插竹养蛎法："竹江人知青山浅港，浪少水肥，插之以竹，易于发苗，至七、八月取苗运回，再插之于东虎洋深水之界潮处，疏插以大其蒱，有红水随潮至，肉始能足。"这种方法距今已有 400 多年，其中的附苗、疏植、采集和养殖场地的选择等，都是符合客观规律的。明清时期，东南沿海人工养贝十分发达，故当时有"东南美利由来檀，近海生涯当种田"之赞，这种方法至今还在福建东南地区广泛采用。

3. 捕捞技术的创新

明清时期，由于渔业的进一步发展，促进了捕捞技术的改进与提高。当时在太湖地区流传着这样的诗句："金碧芙蓉映太湖，相传奇胜甲东吴。渔家处处舟为业，农业年年拮代租。"描述太湖水乡繁荣兴旺的渔业生产。在沿海

地区的各地方志中有关记载同现代的沿海渔场进行一些对比就会发现，现代渔场基本上在清代以前就有了。说明当时不仅内湖渔业有较大发展，而且沿海渔业生产也发展很快。

在捕捞技术上，当时除沿袭前人的捕捞方法外，在太湖水域采取了网具和船只的捕捞，据《太湖备考》记载："捕鱼联四船为一带，两船牵大绳前导，两船牵网随之。常在太湖西北（部）水深处，东南浅水不至也。其住泊无定所，风止则下锚湖中，三大桅常不眠。"说明当时捕捞技术的发展和捕捞时的繁忙景象。同时还记述了太湖渔民的生活情况是："以船为家，父子相继承，妻女同裁衣。"另外，广东渔民创造一种光诱捕鱼方法："鹅毛鱼，取者不以网罟，乘夜张灯火艇中，鹅毛鱼见光辄上艇，须臾而满，多则灭火，否则艇重不能载。"这种方法是利用该鱼的趋光性进行捕捞，既省人力，又能高产。以上这些捕捞方法，都是劳动人民在实际生产中的发明创造。

轻渔禁海与迁海暴政

元王朝轻视渔业，工部没有掌理山泽的职能。课税之外，基本情况是"听民自渔"。元末明初，我国沿海就遭到倭寇的扰乱。到了明朝嘉靖年间，倭寇的骚扰愈加猖狂。明王朝为此实行海禁。明初，朝廷下令"片帆寸板不许下海"。后来，终究由于沿海"小民衣食所赖，遂稍宽禁"。嘉靖三十年（1551年）后，"倭患起，复禁革"。此后，鉴于"海禁太严，生理日促"、渔民"转而从盗"，海禁"势有难行"，才又弛禁。直至嘉靖四十五年（1566年）戚继光平息倭乱之后，海禁才告一段落。

清王朝建立之后，为了巩固统治，于顺治十二年（1655年）又在沿海实行禁海，其目的主要是割断沿海居民与抗清势力郑成功的海上联系。海禁一直持续到康熙二十三年（1684年）。

清代在海禁的同时，还实行迁海，大规模地强制沿海居民尽徙内地。迁海涉及现今河北、山东、江苏、浙江、福建、广东6省，"下令迁滨海五十里内居民于内地，不许商舟鱼船下海"，并掘堑筑墩，派兵严防。直至康熙二十二年（1683年），台湾回归，全国统一，清廷才下令全面复界。其间，迁海政策持续了28年。

海禁及迁海使渔业遭受巨大的摧残，给渔民带来巨大的灾难。海禁无异于断绝渔民的生路。海禁期间，"村舍萧条，民多失业"。就连江南总督马鸣

第九章 中国古代养鱼业

佩在对清廷的上疏中也说："海滨民困已极。"迁海和对外海岛屿的弃置，实际是将渔民连根铲尽。当时，对弃置的岛屿，"凡房屋、井灶及碾盘居食所需之物，俱荡平无存"（《山东通志·艺文》）。舟山群岛经历了明清两次遭徙；明初洪武年间，"迁金塘、蓬莱、安期三乡之民于内地"；清代则连舟山群岛也一度"撤守"了。连云港的云台山，原为烟火两万家的繁盛之地，划为界外之后，被摧毁得"荡然一空"。山东与辽宁之间的三十余岛屿，明代也被"尽数荡平"，而且每月搜捕一次，"如有一人一家在岛潜住，即擒拿到官照谋叛未行拟以重罪。如敢拒捕，许官兵登时格死勿论"。这种摧残，对渔业生产力的破坏，无疑是巨大的。

海禁和迁海，还使渔民遭到意想不到的杀戮。据《闽颂汇编》记载："渔者靠采捕为生，前此禁网严密，有于界边拾一蛤一蟹者，杀无赦，咫尺之地，网阱恢恢。渔者卖妻鬻小，究竟无处求食，自身难免，饿死者不知其几。"

然而，滨海之民以海为田，依海为生，禁渔是禁不绝的。明代王杼《条处海防事宜，仰祈速赐施行疏》指出："海滨之民生齿蕃息，全靠渔樵为活。每遇捕黄鱼之月，巨艘数千，俱属犯禁。议者每欲绝之，而势有难行，情亦不忍也。"在长期张禁、反禁的对立斗争中，我国近海渔业在明清时期还是断续曲折地又复苏起来。复界弛禁后，沿海岛屿的居民很快恢复生产。以舟山为例，1683年，定海知县缪燧在呈禀中谈到衢山时说：虽然"自明初就永行废弃"，但每到"夏秋渔汛之期，闽浙渔船集聚网捕，而无业穷民多有潜赴此山，搭厂开垦者"。说明在逆流中，渔业生产仍在挣扎。康熙二十三年（1684年）海禁既开，准许人民归复，岱山、衢山、长涂、秀山、金塘、桃花、虾峙等岛陆续复垦。

海洋渔场扩大开发利用

我国沿海渔场和各海区沿岸，包括南海西沙群岛，到了明、清时期，大多已被发现和加以利用。各地方的《疆域志》和《物产志》都列有渔场名称，或水产名录。在《中国江海险要图志》中记载的渔场有广东省涠州岛、琼州、香港、东沃等36处；福建省深沪澳、崇武澳、北桑列岛等9处；浙江省瓯江、黑山群岛、象山港、长涂岛等12处；山东省威海卫港、芝罘等6处，以及辽宁、河北等省的渔场。

明代时，我国渔船已有二三百种。明代的《渔书》《天下郡国利病书》

海洋渔场

和清代的《海错百一录》《南越笔记》《广东新语》都有渔船的记载。每一海区，每种渔业都有特殊类型的渔船。内陆水域、江河湖泊渔船和海洋渔船的船型有别。明代的内陆渔船仅太湖地区就分有帆罟船、边江船、厂稍船、小鲜船、剪网船、丝网船、划船、辋网船、江网船、赶网船、逐网船、罩网船、鸬鹚船等。而海船种类更多，船型尤为复杂。

渔具、渔法的进步

明代，海洋捕捞出现拖网。由于两船对拖，网口扩张，获鱼较多，拖网捕鱼逐渐成为一种重要的作业。

明末和清康熙以后，广东沿海开始用围网捕鱼。围网不仅可捕中上层鱼类，也可捕中下层鱼类，这在当时的世界是先进的。据屈大均《广东新语》记载，当时最大的渔具曰罛。"有曰索罛，下海水深多用之。其深八九丈，其长五六十丈。以一大缏为上纲，一为下纲。上纲间五寸一藤圈。下纲间五寸一铁圈。为圈甚众，贯以索以为放牧。而以一大船为罛公，一小船为罛姥，二船相舍，以罛连缀之。乃登桅以望鱼。鱼大至，水底成片如黑云，是谓鱼云，乃皆以石击鱼使前。鱼惊洄以入罛。"鱼入，则二船收索以"阖罛口，徐牵而上"。

我国石首鱼渔业到了明末和清康熙以后，已形成巨大规模。顾炎武《天下郡国利病书》记载："淡水门者，产黄鱼之渊薮。每岁孟夏，湖大势急，则推鱼至涂，渔船于此时出洋捞取，计宁、台、温大小船以万计，苏松沙船以数百计。小满前后凡三度，浃旬之间，获利不知几万金。"在长期的实践中，人们逐渐熟悉了大小黄鱼的渔期，以及寻找鱼群的方法，已能利用生物声波探捕鱼群。《本草纲目》记载："石首鱼初出水能鸣""每岁四月，来自海洋，绵亘数里，其声如雷。渔人以竹筒探水底，闻其声乃下网截流取之。"王士性《广志绎》也记载："渔师则以篙筒下水听之。鱼声向上则下网，下则不"，渔获数量很多，"舟每利者，一水可得二三百金"。

带鱼渔业的兴起，也证明了渔具渔法的进步。带鱼系暖温性集群洄游鱼类，栖息于海水的中下层。史籍记载，明万历年间上市。清代中期浙江沿海出现饵延绳钓捕带鱼，带鱼捕捞在海洋渔业中开始占重要地位。郭柏苍《海错百一录》记载："截竹为筒缒索，索间横悬钓丝，或百或数十，相距各二尺许，先用篙布钓，理饵其中，或蚯蚓或蝌蚪，或带鱼尾，投其所好也。"人们利用带鱼凶残自食的习性，以带鱼尾为饵，常常"一钓则群带衔尾而升"。

明清时期采珠方法也得到改进。明代永乐初年仍由人潜水取珠。以后，潜水采珠和扬帆兜取并行。潜水采珠也采取了一些保护措施。如宋应星《天工开物·珠玉》记载："凡没人以锡造弯环空管，其本缺处对没人口鼻，令舒透呼吸于中，别以熟皮包络耳项之际"，"凡没人出水，煮热毳急覆之，缓则寒栗死"。到了明末清初，已基本实行拖捞生产。屈大均《广东新语》记载："采珠之法，以黄藤丝棕及人发纽合为缆，大径三四寸，以铁为耙，以二铁轮绞之。耙之收放，以数十人司之。每船耙二，缆二，轮二，帆五六。其缆系船两旁以垂筐。筐中置珠媒引珠。乘风帆张。筐重则船不动，乃落帆收耙而上。剖蚌出珠。"

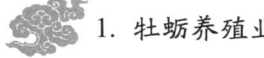 海水养殖业的商品化

明清海水养殖种类增多，商品化程度远远超过宋元时期，尤以闽、粤等省发展迅速。现以贝类牡蛎、蚶、蛏和藻类紫菜的养殖为例，分述于下。

1. 牡蛎养殖业

牡蛎是我国古代最重要的海水养殖对象，开发早、技术好、规模大、利用广。

我国牡蛎养殖，已有2000年的历史，在西方首建牡蛎人工苗床之前很久，中国人便已掌握了牡蛎的养殖技术。我国宋代泉州太守蔡襄在万安渡为民造洛阳桥时，为了保护桥基柱石，"取蛎房散置石基上，岁岁延蔓相粘，基益胶固也"。洛阳桥位于福建省惠安县，建于宋仁宗皇祐五年（1053年），完成于嘉祐四年（1059年）。可见，人工移植牡蛎至少也有900年的历史。北宋梅尧臣《食蚝诗》云："亦复有泅民，并海施竹牢。采掇种其间，冲激恣风涛。成卤与日滋，蕃息依江皋。"梅尧臣亦为仁宗时代人，他的这首诗生动地反映了当时已有"围竹养蚝"的事实。到了明清时期，闽粤沿海已有较大规模的养蚝业。据《福建通志》称："罗源、霞浦……海旁土埕面积约方四十里，均以插竹养蛎"，"宁德六都蛎埕面积约方二十里"。广东省采用投石养蛎。屈大均《广东新语》记载："东莞、新安的蚝田，以石烧红散投之，蚝生其上。取石得蚝，仍烧红石投海中，岁凡两投两取。"东莞县在乾隆年间，养殖面积已有约200顷。

2. 泥蚶养殖

泥蚶也是明清时期、闽粤等省养殖较多的贝类。浙江的乐清县和象山港是养蚶业发达的地区。广东《潮州府志》记载："蚶苗来自福建，其质极细如碎米。经营是业者潮阳城南之内海、汕头港内珠池肚、澄海之大井大场天港、饶平之海山澪洲及惠来等区皆有之。"清代海丰一带蚶田面积极大。大生时，可得万两。海滨少田，以此为一大收入，商品化程度很高。

3. 缢蛏的养殖

南宋淳熙九年（1182年）《三山志》记载，福州沿海有海田1130顷用于养蛏。明代，闽、粤、浙盛行养殖缢蛏。何乔远《闽书》云："所种者之田名蛏田，或曰蛏埕，或曰蛏荡，福州、连江、福宁州最大。"浙江以乐清最多，成为一大产业。

4. 港塭养殖

港塭亦称鱼塭，即利用沿海港湾、港汊或滩涂低地，筑堤建闸蓄水，通过潮汐的涨退套纳鱼苗、虾苗，进行粗放养殖。广东的海丰、汕头、湛江等地，二三百年前即有鱼塭。到清代末年已较发达。如光绪三年，潮州总兵方

耀即围建鱼堰6200亩。进入鱼堰的鱼、虾、蟹有几十种之多，主要养殖鱼类是鲻科及鲷科鱼类。

淡水养鱼的专业化

明清时期，随着城镇对鱼货需求的数量日增，淡水养鱼有显著的发展。珠江三角洲和太湖地区最为发达。江西、湖南、湖北、浙江等省的部分地区也都出现养鱼的专业区和专门从事渔业的经营户。养鱼业在上述地区，已经由农村的副业生产发展成农村的一种独立的专业经营。其商品生产性质是极其明显的。在这种情况下，养鱼技术有很大的进步，青、草、鲢、鳙的养殖方法尤为完善，出现黄省曾等养鱼专家，在选种、择地、筑池、养法、饲料、祛毒、防害等方面形成一套科学养鱼理论。这一时期是我国出版渔书最丰盛的时代。主要表现在：

1. 混养技术普遍化

明清时期，家鱼的多品种混养在长江中游及太湖地区、珠江三角洲等地迅速发展起来。混养的品种包括上层、中下层和底层鱼类，如青、草、鲢、鲤、鲮、鳊等。很长一段时期，草鱼及鲢鱼混养是混养的基本形式。

家鱼混养技术的迅速发展，根源于商品经济发展的客观要求。人们认识到混养有很多好处。《广志绎》说："草鱼食草，鲢则食草之矢。鲢食矢则近其尾，则草鱼畏痒而游。草游，鲢又随觅之。凡鱼游则尾动，定则否，故鲢草两相逐而易肥。"《广东新语》云："鳗食之（草），缳不食，或食草之胶液，或之粪，亦可肥也。"《湖录》云："青鱼饲之以螺蛳，草鱼饲之以草，鲢独受肥，阎饲以粪。盖一池之中畜青鱼、草鱼七分，则鲢鱼二分，鲫鱼、鳊鱼一分，未有不长养者。"多品种混养，既综合利用了水体，又节约了饲料，收到降低成本、提高产量、增添上市水产品花色品种的综合效果，促进了商品经济的发展。

2. 桑（畜、果）基鱼塘盛行

明清时期，工商业发达的城镇需要大量鱼货供应，而此时人多地少的矛盾日益突出，连片鱼池一般都是在洼地改造利用中建立起来的。洼地改造最

简单易行的办法就是挖池筑基，池中养鱼，基上发展适宜的农林牧业。这样自然形成了桑蔗果和鱼畜禽综合经营的生产方式。这种生产方式，在珠江三角洲和太湖地区最为盛行。其中，桑基鱼塘则是基塘生产的一种最普遍的形式。太湖地区湖州菱湖的大片桑基鱼塘，形成于明代正德、嘉靖、万历年间（1506—1573年），以后吴县东山等地的桑基鱼塘也逐渐形成。它们与苏州、湖州发达的丝织业互为依托。珠江三角洲，明代中叶已形成一个以南海九江乡为中心的基塘生产地区。明末和清朝中期，由于缫丝工业的发展，进入以桑基鱼塘为主的时期。明万历九年（1581年），珠江三角洲已有纳税鱼塘16万亩。乾隆年间，广州成为我国唯一允许外商收购土丝的口岸，促使桑基鱼塘面积迅速发展。

基塘生产，利用作物、畜禽、蚕、鱼之间在食物链上相互依赖、物质循环的关系，促进地力的肥育和多业的兴旺，实现集约经营。这是我国劳动人民创造的早期的人工生态农业，在我国农业发展史上写下了光辉的一页。前人的著作及史志上对各种基塘形成多有记载。

（1）桑基鱼塘。应用于盛产蚕桑的太湖流域和珠江三角洲。《高明县志》记载："将洼田挖深，取泥复四周为基，中蹦下为塘，基六塘四，基种桑，塘蓄鱼，桑饲蚕，蚕矢饲鱼，两利俱全，十倍禾稼。"其食物链的组成是：鱼粪肥桑—桑叶饲蚕—蚕粪喂鱼。

（2）畜基鱼塘。行于苏南，明李诩《戒庵老人漫笔》记载："（常熟谈参）池以百计，皆畜鱼，池之上为梁为舍，皆率豕。谓豕凉处，而鱼食豕下，皆易肥也。"徐光启《农政全书》记载："作羊棬于塘岸上，安羊，每早扫其粪于塘中，以饲草鱼，而草鱼之粪，又可以饲鲢鱼，如是可以损人打草。"其物质循环是：鱼粪肥田—粮食饲猪（羊）—猪（羊）粪饲鱼。至今此法仍流行。

（3）果基鱼塘。多见于珠江三角洲。《广东新语·养鱼种》载："广州诸大县村落中，往往弃肥田以为基，以树果木，荔枝最多，茶桑次之，柑橙次之，龙眼多树宅旁，亦树于基，基下为池以畜鱼，岁暮涸之。至春以播稻秧。大者数十亩。"其物质循环形式为：果基肥田喂鱼—鱼粪肥果肥田，至今盛行于广东。

3. 鱼病防治

明清时期，对鱼类养殖与水质的关系已很重视。认为鱼体的健康和水质关系很大。鱼得寄生虫，常常和水的肥瘦有关。徐光启在《江西养鱼法》中写道："池瘦伤鱼，令生虱"。他对虱的形态和检治法记有："鱼虱如小豆大……凡取鱼见鱼瘦，宜细检视之。有，则以松毛遍池中浮之，则除。"我国对鱼虱的发现比欧美最早发现者法国鲍德纳的报道早38年。松毛就是松树的叶子，味甘苦，性温，能解毒去虫，枝叶入药除虱。这种治疗鱼虱的方法，流传至今。除治鱼虱病外，当时亦懂得另外一些鱼病的防治方法。

 ### 4. 河道养鱼

河道养鱼，是利用竹箔拦隔河道来养鱼。它依靠天然食料，又是流水养鱼，氧气充足，鱼生长快，成本低，效益好，因而江浙一带水位平缓的水域逐渐流行。许多港汊和小型湖荡也利用来养鱼。人们通称之外荡养鱼。

河道养鱼始于浙江绍兴。绍兴河道受钱塘江潮汐影响，水位落差很大，不建闸是无法在河道养鱼的，因此河道养鱼始于当地建造三江闸以后。据《绍兴府志》记载："闸（指三江应宿闸）经始于丙申秋七月（明嘉靖十五年，即公元1536年），六易朔而告成……堤始于丁酉春三月（明嘉靖16年，即公元1537年），五易朔而告成。"因此，绍兴河道养鱼当始于1537年以后，距今有400多年的历史。

到了清代，苏州地区将河道区分为官河及家河。官河听任渔民捕捞。近庄河道为家河，多有拦隔养鱼的。一些地方的做法是：春初村民聚钱购鱼苗放养，冬季取鱼分配。外来渔人至家河捕鱼，要受到一定的处罚。

图片授权

全景网

壹图网

中华图片库

林静文化摄影部

敬　启

本书图片的编选，参阅了一些网站和公共图库。由于联系上的困难，我们与部分入选图片的作者未能取得联系，谨致深深的歉意。敬请图片原作者见到本书后，及时与我们联系，以便我们按国家有关规定支付稿酬并赠送样书。

联系邮箱：932389463@qq.com

参考书目

1. （明）董其昌著．赵菁编．蜜蜂养殖技术．北京：金城出版社．2012
2. 李根蟠著．中国古代农业．北京：中国国际广播出版社．2010
3. 李丽著．花鸟画谱丛书：家禽家畜谱．石家庄：河北美术出版社．2007
4. 邓云乡著．中国养殖文化：图文本——中国生活文化丛书．上海：上海古籍出版社．2001
5. 王作之著．新疆古代畜牧业经济史略．乌鲁木齐：新疆人民出版社．1998
6. 杨玉民主编．家禽家畜饲养．北京：首都师范大学出版社．1995
7. 邓文乡著．草木虫鱼——中国养殖文化．上海：上海古籍出版社．1991
8. 玉从仁著．玉泉清茗——中国养殖文化．上海：上海古籍出版社．1991
9. 教研室．养殖．石家庄教委．1992
10. 章楷，余秀茹编．中国古代养蚕技术史料选编．北京：农业出版社．1985
11. 马锡栋等著．淡水养殖．北京：解放军出版社．1984

中国传统民俗文化丛书

一、古代人物系列（9本）
  1. 中国古代乞丐
  2. 中国古代道士
  3. 中国古代名帝
  4. 中国古代名将
  5. 中国古代名相
  6. 中国古代文人
  7. 中国古代高僧
  8. 中国古代太监
  9. 中国古代侠士

二、古代民俗系列（8本）
  1. 中国古代民俗
  2. 中国古代玩具
  3. 中国古代服饰
  4. 中国古代丧葬
  5. 中国古代节日
  6. 中国古代面具
  7. 中国古代祭祀
  8. 中国古代剪纸

三、古代收藏系列（16本）
  1. 中国古代金银器
  2. 中国古代漆器
  3. 中国古代藏书
  4. 中国古代石雕
  5. 中国古代雕刻
  6. 中国古代书法
  7. 中国古代木雕
  8. 中国古代玉器
  9. 中国古代青铜器
  10. 中国古代瓷器
  11. 中国古代钱币
  12. 中国古代酒具
  13. 中国古代家具
  14. 中国古代陶器
  15. 中国古代年画
  16. 中国古代砖雕

四、古代建筑系列（12本）
  1. 中国古代建筑
  2. 中国古代城墙
  3. 中国古代陵墓
  4. 中国古代砖瓦
  5. 中国古代桥梁
  6. 中国古塔
  7. 中国古镇
  8. 中国古代楼阁
  9. 中国古都
  10. 中国古代长城
  11. 中国古代宫殿
  12. 中国古代寺庙

五、古代科学技术系列（14本）
1. 中国古代科技
2. 中国古代农业
3. 中国古代水利
4. 中国古代医学
5. 中国古代版画
6. 中国古代养殖
7. 中国古代船舶
8. 中国古代兵器
9. 中国古代纺织与印染
10. 中国古代农具
11. 中国古代园艺
12. 中国古代天文历法
13. 中国古代印刷
14. 中国古代地理

六、古代政治经济制度系列（13本）
1. 中国古代经济
2. 中国古代科举
3. 中国古代邮驿
4. 中国古代赋税
5. 中国古代关隘
6. 中国古代交通
7. 中国古代商号
8. 中国古代官制
9. 中国古代航海
10. 中国古代贸易
11. 中国古代军队
12. 中国古代法律
13. 中国古代战争

七、古代文化系列（17本）
1. 中国古代婚姻
2. 中国古代武术
3. 中国古代城市
4. 中国古代教育
5. 中国古代家训
6. 中国古代书院
7. 中国古代典籍
8. 中国古代石窟
9. 中国古代战场
10. 中国古代礼仪
11. 中国古村落
12. 中国古代体育
13. 中国古代姓氏
14. 中国古代文房四宝
15. 中国古代饮食
16. 中国古代娱乐
17. 中国古代兵书

八、古代艺术系列（11本）
1. 中国古代艺术
2. 中国古代戏曲
3. 中国古代绘画
4. 中国古代音乐
5. 中国古代文学
6. 中国古代乐器
7. 中国古代刺绣
8. 中国古代碑刻
9. 中国古代舞蹈
10. 中国古代篆刻
11. 中国古代杂技